中公新書 2770

近藤正規著

インド――グローバル・サウスの超大国

中央公論新社刊

はじめに

インドが世界的に脚光を浴びるようになって久しい。2003年のゴールドマン・サックスの「BRICsレポート」をきっかけにインド経済への関心が高まり、08年のリーマンショック後も経済成長率を維持し、14年に成立したモディ政権はさらなる経済成長を目指して投資環境整備に努めている。20年のコロナ禍で、世界に向けてワクチンを供給したのも、インドであった。22年にインドは為替レートで換算した名目国内総生産（GDP）で世界第5位、物価水準を考慮したGDPでは世界第3位の経済大国となっている。2023年には人口で中国を抜いて世界第一位になったインドは、ますます存在感を強めている。

日本にとってもインドの重要性は高まる一方である。日系企業を対象とする調査によると、インドは日系企業にとって中長期的に最も重要な国となっており、インドに進出する日系企業の拠点数は1400社を超え、インド在留邦人の数も一時は9000人を超した。

近年では、インドに関する関心が、アジアにおける中国に対するカウンターバランス（実効的抑止力）としての見方に集まっている。２０２０年6月には中国との国境で衝突が起き、中国とインドの外交関係は悪化している。価値観を共有する日米豪印の4ヵ国の政府間対話「クアッド」の重要性は高まるばかりである。同時に、22年2月のロシアのウクライナ侵攻後はインドの中立的外交姿勢が目立っており、南の途上国の総称である「グローバル・サウス」の代表格としてインドの存在感が強まっている。

とはいうものの、インドの1人当たりの所得はいまだに年２２００ドル（28万６０００円。1ドル１３０円として計算、以下同）程度で世界１３９位にすぎず、貧困と格差問題は深刻である。経済成長の反面、地域間、男女間、カースト間、宗教間で格差が縮小せず、大気や水質の汚染も深刻である。インドの農村を実際に訪れてみれば庶民の苦しい生活事情は容易に見てとれる。

１９９１年に経済自由化が始まる前からインド経済を見てきた筆者にとって、今日の日本におけるインドに対する関心の高さには驚くものがある。毎週のようにインド・セミナーが開催されており、法律や会計実務などの専門性の高いセミナーも多い。インドに関する本や雑誌、レポートなども数多く出版され、様々なインド情報が日本語で入手できるようになった。しかしそうしたインド情報の中には、表面的なものや偏ったものも少なくない。何か問題が起きると、「カースト制度のせいだ」として短絡的な見方がなされることも多い。

インド経済は、IT大国、巨大な中間層、あるいはカースト制度による社会格差といった形で一般化されることが多いが、そもそも多様性に富んだインドという国を「インドとはこのような国だ」という断定的な表現で表すこと自体、無理である。

インドは地方によって政治も経済も文化も大きく異なる。また一口に「インド人」と言っても、宗教、言語、出身地、カーストなどによって大きく異なる。インド経済は象によく喩《たと》えられるが、もし目をつぶったまま手で触って象全体のイメージを摑《つか》もうとした場合、鼻を触るか、胴体を触るか、尻尾《しっぽ》を触るかによってイメージは全く異なる。同じように、限られた報道やインド人との接触だけで一般化することは、避けなければならない。

こうしたインドの多様性は、インドを流れる時間についても言える。数千年の歴史とともに「悠久の国」と言われるインドでは、「変わらないインド」と「変わるインド」が混在しており、この国には様々な「時」が流れている。インドの農村を訪問した人の多くは、彼らの生活が依然として変わっていないことを感じるであろう。同様に、数千年の歴史を持つインドのカースト制度が、わずか30年ばかりの経済成長とともになくなるわけでもない。実際、欧米や日本での極端な報道を、多くのインド人やインドに永く住んでいる日本人は、冷ややかな目で見ている。

一方で、変化していることも多い。農村でも、スマホが普及してきたし、シャンプーを使用する人も増えた。もちろん、急速に伸びてきた産業でもいつも右肩上がりで伸び続けているわけではない。世界的に進行するグローバリゼーションとの結びつきが、どの産業でいつどのようにして起きるか、「草刈り場」はどこなのか、産業によってあるいは地域によって大きく異なる。

本書ではインドに関する入門書として、政治、経済、外交、社会の領域で、現在のインドが少しでもわかりやすいような形でとらえられるように、いくつかのトピックに絞って解説を試みた。

第1章では、インドの多様性を明らかにした上で、世界最大の民主主義国であるインドの政治制度と主要政党について解説する。第2章では、インド経済の独立以来の成長の軌跡を簡単に振り返った後、モディ政権の実績と課題を考察する。第3章では、インド経済の担い手として、主要な財閥とそのビジネスを紹介した後、IT、バイオ医薬品、ダイヤモンド、自動車および自動車部品などの産業について、概観を述べる。第4章では、中国と並ぶ人口大国であるインドの人口動態を明らかにした後、インドの豊富な人材とソフトパワーについて紹介する。第5章では、インド経済の影の部分に光を当てて、コロナ禍の混乱、貧困や男女間格差、カースト間格差、環境といった様々な問題について掘り下げる。第6章では、インドの非同盟中立外交について述べた後、主要国とのバランスをとりつつ「グローバル・サウス」の盟主としての発言を強めるインドの外交を検証する。第7章では、日印関係のこれまでの変遷をたどり、ロシアのウクライナ侵攻の影響も考慮しつつ、日印関係の現状と課題を考察する。

本書はインドにかかわるビジネスをしている人だけでなく、インドに関心がある広く一般の読者も想定している。そのため、専門的な学術論文や細かいデータの引用は避けているが、内容的には最新の情報を盛り込むことを心がけた。さらに専門的にインドについて学びたい読者は、巻末の参考文献リストを参照されたい。

目次

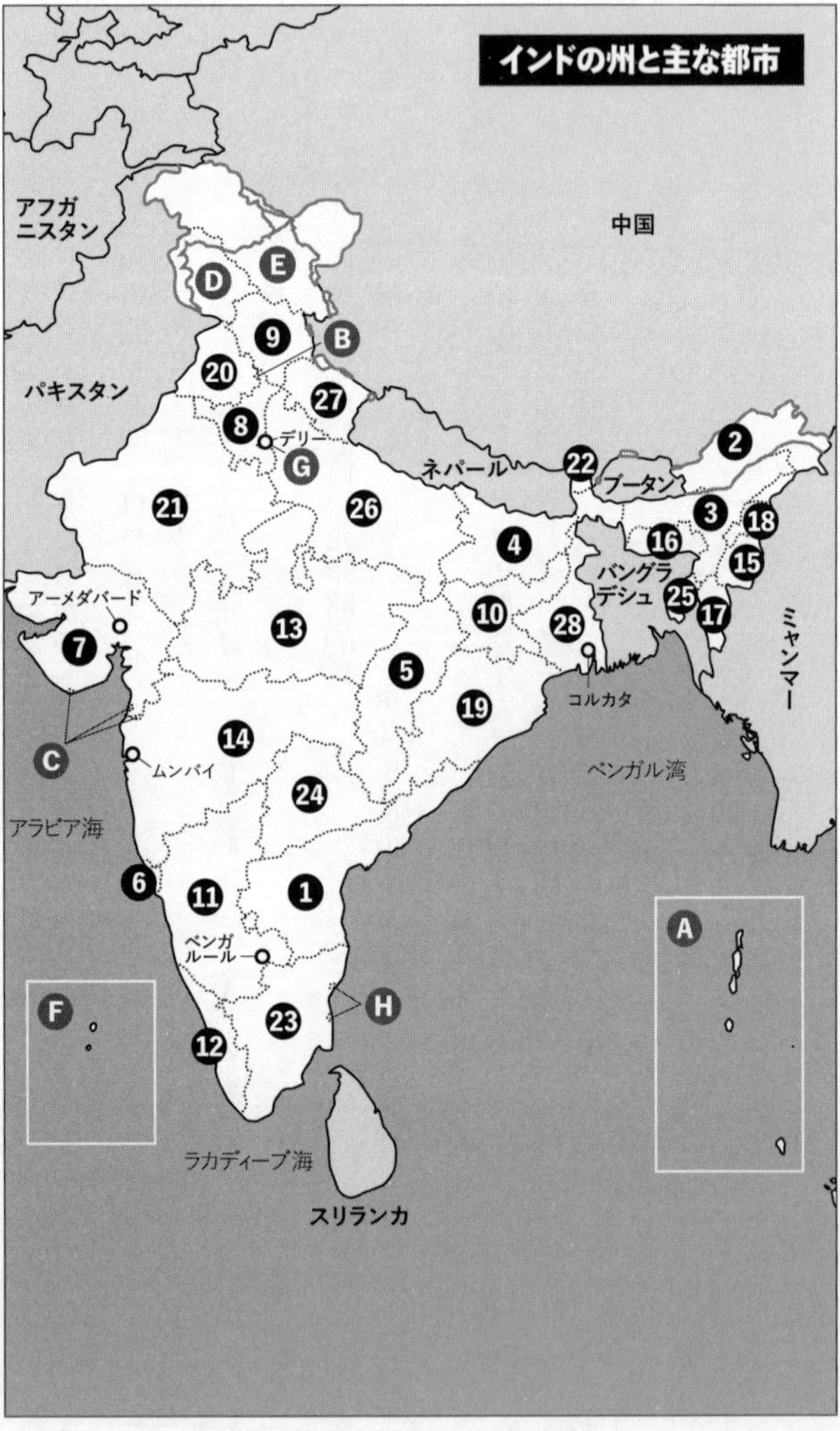
インドの州と主な都市
アフガニスタン
中国
パキスタン
ネパール
ブータン
バングラデシュ
ミャンマー
デリー
アーメダバード
ムンバイ
コルカタ
ベンガルール
ベンガル湾
アラビア海
ラカディーブ海
スリランカ
1
2
3
4
5
6
7
8
9
10
11
12
13
14
15
16
17
18
19
20
21
22
23
24
25
26
27
28
A
B
C
D
E
F
G
H

❶	アンドラ・プラデシュ州
❷	アルナチャル・プラデシュ州
❸	アッサム州
❹	ビハール州
❺	チャッティスガル州
❻	ゴア州
❼	グジャラート州
❽	ハリヤナ州
❾	ヒマチャル・プラデシュ州
❿	ジャルカンド州
⓫	カルナタカ州
⓬	ケララ州
⓭	マディヤ・プラデシュ州
⓮	マハラシュトラ州
⓯	マニプール州
⓰	メガラヤ州
⓱	ミゾラム州
⓲	ナガランド州
⓳	オディシャ州
⓴	パンジャブ州
㉑	ラジャスタン州
㉒	シッキム州
㉓	タミル・ナドゥ州
㉔	テランガナ州
㉕	トリプラ州
㉖	ウッタル・プラデシュ州
㉗	ウッタラカンド州
㉘	西ベンガル州
A	アンダマン・ニコバル連邦直轄領
B	チャンディーガル連邦直轄領
C	ダードラー・ナガル・ハヴェーリーおよびダマン・ディーウ連邦直轄領
D	ジャンム・カシミール連邦直轄領
E	ラダック連邦直轄領
F	ラクシャドウィープ連邦直轄領
G	デリー首都圏
H	ポンディシェリ連邦直轄領

図表作成◎ヤマダデザイン室

第1章　多様性のインド——世界最大の民主主義国家

1　多様なアイデンティティ

4つのアイデンティティ

「多様性の中の統一（Unity in Diversity）」。インドを一言で言い表す時、よく使われる言葉である。インドでは、広大な国土に、異なる言語を話し、異なる宗教を信じ、異なるカーストに属する14億人の国民が、お互いを尊重しながら、一つの国に暮らしている。

インド人は、「出身地、言語、宗教、カースト」という4つのアイデンティティで規定される。例えば、コルカタ出身でベンガル語を話し、ヒンドゥー教を信じるバラモンといった具合である。インドの政治を理解するためには、これらのアイデンティティを構成する要素を理解することが必要である。ここでそれらの諸要素について、簡単に触れておこう。

インドの国土面積は328・7万平方キロメートルあり、世界第7位、日本の国土面積の約9倍に相当する。インドの国土は、大きく東、西、北、南、北東部の5つの地域に分けることができる。さらにその5つの中で、東と西と北を「北インド」、南を「南インド」、北東部をそれ以外と分類することも多い。「北インド」ではアーリア系の人種が多く、「南インド」はドラヴィダ系の人種からなっている。

インドには連邦レベルの公用語であるヒンディー語以外に、州レベルで21の公用語が認められており、英語も政府公用語として使われている。インドの紙幣には、表面にヒンディー語と英語、裏面には15の言葉で金額が書かれている。北インドでは、サンスクリット語を祖語とするヒンディー語やベンガル語などが母語であるのに対し、南インドではタミル語などドラヴィダ系言語が話されていて、両者の言語は全く異なる。

インドの28の州（と8つの連邦直轄領）は、基本的に母語に従って分けられており、出身地の州と言語は一致することが多いが、必ずしも一致するわけではない。ある程度の教育を受けたインド人は、自分の母語以外に、公用語であるヒンディー語と英語を話すことができる。このような環境で育ったインド人が欧米のグローバル企業で活躍しやすいことは、十分に理解できる。

インドの地域別特性

インドの北部は、農業が盛んなことが特徴で、インド最大の穀倉地帯のハリヤナ州も北部に位置している。一方、デリー首都圏はスズキの合弁工場もあって、自動車産業の集積地となっており、デリー近郊のグルガオン(グルグラム)は在留邦人がインドで最も多い。北インドは一般的に教育水準は低く、保守的である。インド最大の人口を抱えるウッタル・プラデシュ州はその典型である。中国とパキスタンとの国境に接するカシミールは、治安の問題を抱えており、最近再編がなされた。

東部の中心は西ベンガル州である。同州は1911年まで植民地インドの首都であったコルカタを擁していることもあって学問、文化・芸術が盛んであり、ノーベル賞受賞者も輩出している。しかし西ベンガル州は1977年から34年間にわたって、インド共産党が政権を担っていたため、ビジネスは停滞気味である。ネパールの南に位置するビハール州は、インドでの最貧州の一つであり、国内の出稼ぎ労働者の送り出し拠点となっている。オディシャ州は、鉄鉱石など鉱物資源に恵まれている。

西部は、商業の中心である。インドの財閥の多くは、西部を拠点とするマルワリ、グジャラティ、パンジャビ、パールシーなどのコミュニティに属している。このマルワリ、グジャラティ、パンジャビというのは、カースト名ではなく、一族の「出身地」を意味する。西部最大の州であるマハラシュトラ州の州都ムンバイは金融と商業の中心で、中央銀行であるインド準備銀行（RBI）やムンバイ証券取引所があるほか、「ボリウッド」と呼ばれるように映画産業の中心地でもある。モディ首相の地元であるグジャラート州は、リライアンス、アダニなどの大手財閥の拠点で、化学産業からダイヤモンド産業まで幅広く商業が盛んなことで知られている。

南部（南インド）は、インドで最も教育水準が高く、北インドより治安もいい。南インドに居住するドラヴィダ人は、そもそもインド全体に住んでいたが、アーリア人の侵略により南インドに追いやられた歴史がある。南インドの人たちは北インドに対する反感、あるいはコンプレックスがある。最近では、学校教育でヒンディー語教育を必須にする中央政府の計画が、南インドで反対を受けて頓挫した。

南インドの中でも、タミル・ナドゥ州はドラヴィダ文化の中心地であるという誇りを持っている。同州では、ITエンジニアや数学者、物理学者が多数輩出されている。タミル人は勤勉であるため、同州には自動車や携帯電話などの工場が多い。カルナタカ州は、「インドのシリコンバレー」と言われるバンガロール（ベンガルール）を擁している。アンドラ・プラデシュ州から分離独立したテランガナ州のハイデラバードは、IT産業のもう一つの集積地である。

アラビア海に面したインド最南端のケララ州は、教育水準も高く保健衛生面でも進んでいる一方、共産党政権が長く続いたことで、ビジネスの面では出遅れている。かつてスパイスの交易拠点であったこともあって、中東との結びつきが深く、中東への出稼ぎ労働者の最大の拠点となっている。

北東部は山岳部に多数の少数民族が居住していて、開発が遅れている。アルナチャル・プラデシュ州では2020年以降とりわけ中国との国境問題が深刻であるほか、マニプール州では23年に部族間の対立問題が起きるなど、治安の問題も少なくない。

宗教とカースト

インドは宗教の坩堝《るつぼ》の国とも言われ、これまで多くの宗教が共存してきた。現時点で最新の政府統計（2011年の国勢調査）によると、インドの宗教の比率は、ヒンドゥー教徒79・8%、イスラム教徒14・2%、キリスト教徒2・3%、シク教徒1・7%、仏教徒0・7%、ジャイナ教徒0・4%となっている。1947年の独立に際して、多くのイスラム教徒は東西パキスタン（現在のバングラデシュとパキスタン）に移り住んだこともあってインドではヒンドゥー教徒の人口が圧倒的に多いが、ヒンドゥー教徒によるイスラム教徒の抑圧は、欧米を中心にしばしば問題視されてきた。

インド人のアイデンティティにとってとりわけ重要なのは、カーストである。カーストというのは本来ポルトガル語で、「バラモン（司祭）、クシャトリア（王族・武士）、ヴァイシャ（商人）、シュードラ（農民・サービス）」の4つの階層制度を、インド人は「カースト」ではなく、「ヴァルナ（四種姓）」と呼ぶ。そして、この4つの階層の下に、「ダリット（またはアウトカースト、不可触民）」と「アディヴァシ（先住民）」と呼ばれる二つの最下層が存在する。ダリットとアディヴァシは、それぞれ公式には「指定カースト（SC）」と「指定部族（ST）」と呼ばれる。それに加えて、SCとSTより上だがカースト内では下位に位置する層（シュードラに相当）が、「その他後進階層（OBC）」として、バラモンやクシャトリアなどの上位カーストと区別されている。

この4つのヴァルナとその下のダリットの集団は、「ジャーティ」と呼ばれる多数の集団に細分化されている。インドではこのジャーティが、長年にわたって世襲的な職業に結びつけられてきた。そしてジャーティの職業を代々継承するため、婚姻《こんいん》関係も伝統的に同じジャーティ間で結ばれてきた。そのため、都市でも農村でも異なるカースト間の婚姻は奨励されず、とりわけ農村部ではいまだにそれが顕著《けんちょ》である。

ジャーティの数は3000以上にも及ぶとされ、それぞれの職は同じジャーティに属していても、異なるジャーティ間で上下関係がある。例えば、バラモンに属する人々の中でも、聖職者のジャーティの方が教師のジャーティよりも地位が上といった感じである。

インドでは、高級官僚や学者、ITエンジニアなどの知的エリートは、上位カースト、とりわけバラモンが圧倒的に多い。一方、インドの財閥にバラモンはきわめて少なく、商業カーストのヴァイシャが中心である。インドでは姓を聞くとどのヴァルナに属しているかわかる場合もあるが、地方によっても姓が違う場合が多いし、いくつかのヴァルナに共通する姓もあることから、簡単にはわかりにくい。

2　政治情勢——国民会議派から人民党の時代へ

インドの政治体制

多様なバックグラウンドを持つ人々が共存するインドは、世界最大の民主主義国でもある。IT大国インドらしく、総選挙では9億人の有権者が電子投票を行い、投票最終日の翌日には結果が判明する。

議会は二院制で、下院は545議席（うち選挙で543議席を選出）、上院は250議席となっている。下院は解散がなければ5年に1度、直接選挙が行われ、過半数を確保した政党あるいは政党連合から首相が選ばれる。

上院は、州議会選挙の結果をもとに政党別の議員数が決められ、各政党はそれに基づいて議員を選出する。上院は首相選出にかかわることもなく、権限は小さいが、法案を通すために上院の通過が必要であるため、しばしば大きな存在感を見せている。

インドでは現在、上院と下院の「ねじれ」現象が起きている。下院の議席は5年に1度の総選挙で決まるのに対し、上院の議席は毎年各地で行われている州議会選挙の結果をもとに政党別に議員数が決められるためである。下院で過半数を占めているインド人民党（BJP）も、地方選挙で勝ち続けないと、この「ねじれ」を解消できない。

モディ首相の個人的人気に支えられて、総選挙では圧倒的な強さを誇るBJPであるが、地方選挙では敗北することが少なくない。それぞれの州には州特有の政治事情があり、総選挙ではBJPの候補に票を投じた有権者が、州選挙では他党の候補に投票することも多い。

民主主義国家のインドでは、特定のカーストを代表する政党が存在する。例えば、ウッタル・プラデシュ州の大衆社会党（BSP）は最下層のダリットを主要支持母体とする政党で、女性党首であったマヤワティは州首相を務めていた。先に述べたインド最貧州ビハール州で州首相を長らく務めていたラルー・プラサド・ヤダブは、同州に多い「ヤダブ」と呼ばれるコミュニティのカーストを支持層とする国民人民党（RJD）の党首であった。

今世紀に入るまで、インドの有権者の投票パターンは、所属カーストを代表する政党に投票することが多かった。しかし、インドが経済発展を遂げるとともに、若い世代の有権者は、自分のカーストの利益を代表する政党に投票するよりも、経済を優先する傾向が強まってきた。とはいえ、カーストや宗教などのアイデンティティの問題は、どの政党にとっても無視できない要因である。

インドの国家元首は大統領であるが、実権はなく象徴的な意味合いしか持たない。そのため、インドの大統領は政治的な理由でマイノリティから選ばれることが一般的である。1997年には不可触民出身者として初めてコチェリル・ラーマン・ナラヤナンが大統領に就任し、2002年にはイスラム教徒で「インドのロケットの父」と呼ばれたアブドゥル・カラム博士が大統領に選出された。07年には初の女性大統領プラティバ・パティルが誕生し、22年には、初の先住民族出身の大統領として、ドラウパディ・ムルムが就任した。

インドでは1947年の独立以来、軍事クーデターが一度も起きていない。150万人近い兵力を有し、国防費に650億ドル（8兆4500億円）を投じているが、軍のトップは国防相と国防次官の下に位置づけられて、軍のシビリアン・コントロール（軍事に対する政治の優位を規定し、軍の暴走や政治介入を防ぐための文民統制）が確立されている。この点でインドは、隣国のパキスタンやバングラデシュ、ミャンマーなどと大きく異なっている。

地域政党と地方分権

インドの政党で全国政党と言えるのは、ＢＪＰとインド国民会議派だけである。国民会議派は１９４７年から（77年〜80年と89年〜91年のわずか数年を除いて）96年まで、圧倒的な勢力とともにインドを支配してきた。それはあたかも、日本の昭和時代の自民党のようであった。しかし２０１４年の総選挙以来、ＢＪＰが組織力でも資金力でも国民会議派を圧倒している。24年の４〜５月にかけて行われる総選挙でも、ＢＪＰが再び勝利して、モディ首相再選となるのではないかという見方が多い。

ＢＪＰと国民会議派の二大全国政党以外に、インド各州には有力な地域政党がある。これらの地域政党は、地元では強いが、全国展開するだけの力はまだない。そのため、総選挙前には、地域政党が与党連合と野党連合のどちらに属するか、あるいはそれ以外の「第三勢力」に集結するか、といった政治的駆け引きが激しくなる。現在の与党連合はＢＪＰが主導する国民民主同盟（ＮＤＡ）で、国民会議派は統一進歩同盟（ＵＰＡ）を主導している。総選挙で過半数を維持した側から首相が選ばれるため、ＢＪＰも国民会議派も単独過半数を得られない限り、どの地域政党と連携するかの戦略が重要になる。

インドでは地方分権制度が確立しており、州政府は政策決定に重要な役割と権限を持っている。中央政府が直轄する外交、軍事、通信、鉄道といった分野を除くと、農業から教育、保健に至るほかの大半の分野では、地方政府は中央の定めた「ガイドライン」に従いつつ、独自の方針で政策を策定できる。中央政府はガイドラインを策定することはできても、州政府の行政に直接口を出せない。中央政府は、自らと同じ（あるいは自らと選挙で連立を組んでいる）政党が与党である州に多くの地方交付金を分配し、間接的にその州に影響を行使することや、非常事態に限って州の与党政権の自治権を奪って、その州を連邦直轄領とすることができるが、基本的には州政府に実権が与えられている。

そのため、中央の政権だけでなく、州政府与党が交代すると、その州では少なからぬ影響が出がちである。例を挙げると、アンドラ・プラデシュ州でチャンドラバブ・ナイドゥ前首相が選挙で敗北したことで、州首都移転計画が白紙に近い状況に追い込まれたことや、マハラシュトラ州で与党が選挙に敗れ、日本の円借款による新幹線計画の土地買収が止まったことがあり、日系企業も影響を受けた。

インド人民党（ＢＪＰ）とモディ首相

インド人民党（ＢＪＰ）は、ＲＳＳ（民族義勇団）と呼ばれるヒンドゥー至上主義組織の非営利団体を支持母体とする右派政党である。１９９６年5月の総選挙で初めて第1党となったものの、首相となったアタル・ビハリ・バジペイ（在任1996年、98年〜2004年）は閣外協力の獲得に失敗し、政権はわずか13日で崩壊した。その後の政局混乱を経て、98年の総選挙で再び最多議席を獲得し、バジペイ首相はその後6年間にわたって政権を担った。98年5月、就任後すぐ核実験を行って世界を驚かせたが、経済運営においてはインフラ整備などに注力して、大きな成果を上げた。しかし2004年の総選挙では、経済開発の成果を強調しすぎた「輝くインド」のキャンペーンが貧困層の反感を買い、敗北して野党に転落した。14年の総選挙でBJPが勝利してモディ政権が誕生するまでに、10年を要した。

農村の貧困層やイスラム教徒などのマイノリティを支持母体とする国民会議派と違い、BJPの支持層の中心は都市中間層のヒンドゥー教徒である。モディ首相に代表されるように、BJPはビジネス志向が強く、同時に国粋主義かつ愛国主義的な傾向が強い。

モディ首相は1950年にグジャラート州ワタナガルで、やや低いカーストの貧しい紅茶売りの子として生まれた。若くしてBJPの支持基盤であるRSSの活動に参加して頭角を現し、87年にグジャラート州議会議員となった。早くからその政治的才能を示したモディは、国民会議派の影響力がまだ強かった当時のグジャラート州で、後に内相になる盟友シャーと一緒に農村を回り、全ての村の村長選挙で敗れた次点候補を自陣に取り込む活動を続け、これによって8000人に及ぶ有力な農村指導者のネットワークを作り上げるなどして、実績を上げていった。

　モディが全国区の知名度を持つようになったのは、グジャラート州の首相としての実績による。2001年に州首相に就任し、その後10年以上にわたって同州をインドでも最も成長著しい州へと導いた。彼の任期中にグジャラート州ではインフラ整備が進み、「最もビジネスがしやすい州」という評価を受けるようになった。

モディ首相（右）とシャー内相（ロイター/アフロ）

　モディ首相は勤勉なことで知られ、年間1日の休みもとらずに、早朝から深夜まで仕事に没頭している。部下にも自己規律を守って期待された成果を上げることを厳しく要求する。類まれな演説の名手であるモディ首相は、iPadの愛用者で、フェイスブックやツイッターなどのソーシャルメディアを使いこなすことでも知られている。
　モディ首相は、彼の支持者によって「第二のサルダール・パテル」とも呼ばれている。サルダール・パテルはインドの初代内相として強権を発揮し、インド独立時に500以上あった藩王国を統一インドに帰属させた功績で知られ、地元グジャラート州では英雄的存在である。2018

年10月にモディ首相は、「統一の像」と呼ばれる高さ182メートルのパテルの銅像を、総工費4億ドル（520億円）以上をかけてグジャラード州のナルマダに建立した。モディ首相はインド独立の歴史がネルーとその子孫によって不当に書き換えられてきたとして、忘れられかけていた初代内相パテルやインド国民軍の革命の士チャンドラ・ボースを復権させる試みを進めている。

モディ首相には、2002年にグジャラート州でヒンドゥー教徒とイスラム教徒の間で暴動が起きて1000人以上のイスラム教徒が死亡した事件で、州首相として十分な対策をとらなかったという暗い過去がある。このことで、彼は米国政府からは首相に就任するまで米国入国ビザの発給を停止されていた。インドの最高裁はモディに無罪を言い渡しているものの、暗い過去となっている。

シャー内相

モディ首相の知名度があまりに高いため「BJPはモディの政党」と思われがちだが、内相アミット・シャーの存在も忘れてはならない。BJPではモディとシャーのツートップ体制、つまりモディ首相が国政に専念し、シャーが内相就任後も党務や選挙戦略を担う役割分担ができている。

アミット・シャーは、1964年にビジネスを営む裕福な家庭に生まれ、グジャラート州ガンディーナガルのBJP事務所の雑用係として、そのキャリアをスタートさせた。モディとはRSSの活動を通して、若くして知り合った。95年にBJPが州政権を奪取して以来、出世街道を進むモディとともにシャーの地位も上がっていった。2001年にモディがグジャラート州首相に就任すると、シャーも要職に就くようになった。シャーはまず同州の農村金融機関の改革に乗り出した。インドの農村金融は地方の有力者との癒着《ゆちゃく》で不良債権を抱えることが多く、グジャラート州でも農村の金融機関は破産寸前であった。しかし、シャーはこれをたった1年で黒字化した。

シャーは、グジャラート州内相としても力量を発揮した。イスラム教徒のテロ容疑者を州の警察を動員して違法に殺害した嫌疑で一時は窮地に追い込まれたが、これを乗り切り、その後もモディを支えて実績を上げていった。

2014年の総選挙後に首相に就任したモディは、自らが首相となる一方で、その右腕シャーをBJP総裁に据えた。大抜擢《ばってき》されたシャーが党の総裁になって力を入れたのは、党の組織力強化であった。シャーは全国を回って地方の党内課題を一つ一つ解決し、選挙戦略でもその手腕を発揮した。モディ首相の「強いリーダー」としてのイメージを国民に浸透させた。19年2月カシミールのプルワマで、パキスタンに拠点を置くイスラム過激派が襲撃テロ事件を起こしたのを受けて、イスラム過激派のテロを総選挙のイシューとして国民の愛国心を煽《あお》り、BJPを大勝に導いた。バングラデシュからの不法移民問題が深刻化しているインド北東部がBJPの新たな地盤となる可能性に最初に目をつけたのもシャーであった。類まれな政治手腕を発揮するシャーは、インドのメディアに「現代のチャナキャ」と呼ばれる。チャナキャは、マキャベリにも喩えられる古代インドの伝説的な軍事戦略家である。

2019年の総選挙後のセレモニーでは、モディとシャーのふたりが花道を歩いて大観衆の声援に応えた。TVのニュースは「シャーはモディから横に並んで歩くことを許される唯一の政治家だ」と報道した。シャーは自らの立場をわきまえて、モディ首相のサポート役的な立場に徹しているが、「ポスト・モディ」の最有力候補のひとりであると考えられている。

モディ首相への批判

欧米のメディアは、これまでモディ首相に批判的であることが多かった。その論調は、モディ首相が民主主義を後退させ、インドの民主主義制度が劣化しているというものである。例えば、「民主主義の度合い」を計る各種指標の国別ランキングにおいて、インドの順位はモディ政権発足後に軒並み下落しており、選挙管理委員会、中央捜査局（CBI）、警察、経済不正を取り締まる財務省歳入局経済活動規制課（ED）などの組織が独立性を失っている、と彼らは指摘する。これらの機関がモディ首相やBJP、そしてその支持団体であるRSSの意向に沿った動きしかできておらず、チェック・アンド・バランスが機能していないというのである。

BBCや『ニューヨークタイムズ』などの欧米メディアは、インドの人権問題についてネガティブな記事をしばしば書いており、インドの国際的なイメージの悪化にもつながっている。2002年のグジャラート州暴動において、当時のモディ州首相が十分な措置をとらなかったとするBBCの批判的な報道もいまだに続いており、23年にモディ首相はBBCのドキュメンタリー番組に対し、放送禁止措置をとった。

2019年のカシミール再編と市民権法の改正は、欧米メディアの一段と大きい批判の対象となった。カシミールの再編は、19年2月のテロ事件を受けて、ジャンム・カシミール州を一つの州からジャンム・カシミールとラダックの二つの連邦直轄領に改編したものである。この時、イスラム教徒が大多数を占めるカシミールの住民は、これまで与えられていた自治権の一部が奪われることに反対した。インド政府はこれに対して大量の治安部隊を送り込み、インターネットを遮断《しゃだん》して学校を閉鎖し、地元の有力政治家を自宅逮捕・軟禁するといった強硬策をとり、反対勢力を力ずくで抑え込んだ。

2020年1月には、近隣3ヵ国からの不法移民に市民権を与えるインド市民権改正法

（CAA）が施行された。この法律は、インドに不法に入国したヒンドゥー教、シク教、仏教、ジャイナ教、ゾロアスター教、キリスト教の各教徒（イスラム教徒は対象外）については、イスラム教徒が多数を占めるパキスタン、バングラデシュ、アフガニスタンのいずれかの出身であることが証明できれば、インドの市民権を申請できるというものである。また、市民権を申請するにあたって、11年間のインド国内での居住あるいは労働が条件だったのが、6年間に短縮された。

この市民権法からイスラム教徒が対象外とされたことは、イスラム教徒への迫害ではないかという野党の抵抗は大きかった。しかし、モディ首相とシャー内相はカシミール問題をインド人の愛国心に結びつけ、「反対する政治家は愛国心がない」として、法案を通すことに成功した。欧米メディアはこれに対して、マイノリティであるイスラム教徒の差別であるとして批判キャンペーンを展開した。

インド国民会議派

現在ではモディ首相と与党ＢＪＰばかりに注目が集まっているが、１９４７年の独立以来、20世紀の大部分においてインドの政権を担ってきたのは、インド国民会議派である。96年の総選挙でＢＪＰに敗れるまでの国民会議派は、まさに昭和の自民党と同じような圧倒的な力を持つ政党であった。国民会議派は、その支持母体の中心が農村の低所得層であるため、貧困対策を政策の中心に置いてきた。しかし、国民会議派政権は経済全体のパイを大きくできず、汚職も蔓延《まんえん》して国民の間の支持を失っていった。

国民会議派は、ガンディー家のファミリー政党と言ってよい。初代首相ジャワハルラル・ネルー（在任1947年～64年）、その娘インディラ・ガンディー（在任1966年～77年、80年～84年）、孫ラジブ・ガンディー（在任1984年～89年）と三代にわたって、ガンディー家は党を支配してきた。現在はラジブの妻ソニアと、その息子で4代目のラフル・ガンディーが実権を握っている。

しばしば誤解されているが、国民会議派を支配するこの「ガンディー家」とインド独立の父マハトマ・ガンディーの間に直接の血縁関係はない。ネルーの娘インディラがネルーに批判的な異教徒のジャーナリストと恋愛結婚し、そのジャーナリストがヒンドゥー教徒でなかったことを心配したマハトマ・ガンディーが、インディラ夫妻に「ガンディー」姓を与えたというのが事実のようである。しかし、教育水準の低いインドの一般大衆はこの事実を知らない。

1964年に父ネルーが首相在任中に亡くなったため、66年に周囲に説得されたインディラが、当初の予想に反して首相に就任した。彼女は最初、ネルーの中立的な外交政策を受け継いでいたが、米国が中東政策の一環としてインドよりパキスタンを重視するのが顕著になるとともに、ソ連への傾斜を強めていった。69年には大手銀行14行が国有化された。その結果、経済運営も社会主義的色合いを強めていった。インディラは次第に強権的な政治家となり、75年から77年まで非常事態令を宣言したが、そのことで人気を失い、77年の総選挙に敗れて一度下野した。80年に再び首相に返り咲いたが、84年にはシク教徒の分離独立主義者を弾圧するため、彼らの聖地であるパンジャブ州アムリットサルの黄金寺院に武力攻撃を行い、その後2人のシク教徒の警備警官によって暗殺された。これを受けて、シク教徒に対するヒンドゥー教徒の暴動が一時激化した。

3代目ラジブ・ガンディーは政治に興味がなく、若い頃はパイロットだったが、母インディラ暗殺の後を受けて、首相となった。本来はインディラの次男で野心家のサンジャイ・ガンディーが後継者になる予定であったが、彼は謎の飛行機墜落事故で1980年に亡くなっていた。

ラジブはそのクリーンなイメージで、就任当初は人気が高かった。しかし政治家としての能力には乏しく、スウェーデンのボフォース社からの武器輸入にかかわる汚職問題が発覚すると、国民の支持を急速に失った。1991年には、スリランカの内戦に介入したことに恨みを持つタミル人の自爆テロに遭い、総選挙遊説中に命を失った。

ラジブの妻ソニア・ガンディーは、イタリアの貧しい石工の家庭に生まれ、英国のケンブリッジで英語を学びながらギリシャ料理レストランでアルバイトしていたところ、留学中のラジブに見初められて結婚に至った。1991年のラジブ暗殺後、ソニアはしばらく政治に関心を見せていなかったが、義母インディラの時と同じように周囲に説得されて政界に入り、その後政治能力を発揮した。2004年に国民会議派が総選挙で勝利した際、イタリア出身のソニアが首相になることはなかったが、代わりに首相を務めたのがマンモハン・シン（在任2004年～14年）であった。

ソニア・ガンディー（中央）とラフル・ガンディー（AP/アフロ）

2004年に首相に就任したマンモハン・シンは、1991年から96年の蔵相としての実績から、当初その経済運営の手腕を期待されていた。しかし、首相に就任してからの彼は「ソニア・ガンディーの操り人形」と言われ、十分なリーダーシップを発揮できなかった。筆者はシン首相の訪日前に首相官邸で30分ほど時間をいただいたことがあるが、その真摯な姿勢と見識には感銘を受けた。ソニアの操り人形という評価を受けてしまったことは、残念でならない。

ソニアは「ガンディー家の番頭」であるマンモハン・シンを1970年生まれの息子のラフル・ガンディーが成長するまでの中継ぎとして期待していたようであるが、父も祖母も暗殺されているラフルは過保護に育てられ、政治家として独り立ちするのに時間がかかった。

ラフルは、母ソニアの意向で政界に駆り出されたものの、大臣の役職に就くことを拒み、国会でも欠席が目立ち、各地のスピーチで的外れな発言を繰り返した。大衆からは「パプー」（インドの言葉で「お人好しな間抜け」）というニックネームをつけられてしまった。その後ラフルには成長の兆しが見られ、2022年から23年にかけてはインド横断行進を行うなど人気を回復しつつあるが、海千山千のたたき上げの政治家モディと比べると、どうしても大衆にとって見劣りがする。

ラフルには2歳年下の妹のプリヤンカがいるが、配偶者ロバート・ヴァドゥラの不動産利権疑惑の影響もあって、国民の人気がもう一つである。国民会議派は総選挙でも州議会選挙でも負け続けているが、ガンディー家が一向に責任をとる気配がないため、やる気をなくした若手政治家の離党が続いている。人材の豊富さだけを見るとBJPに見劣りしない国民会議派にとって、10年来の退潮の大きな要因はガンディー家にあるだけに、今後の復調はラルフ・ガンディーの人気回復次第である。

有力地域政党

広大なインドでは、全国政党であるＢＪＰと国民会議派以外に、各州に有力な地域政党が存在する。これらの政党の多くは、その基盤とする州ではＢＪＰや国民会議派をも上回る勢力を誇る。地域政党の多くは、国民会議派のようなファミリー政党で、創立者から息子への代替わりを迎えている政党も多い。

有力な地域政党としては、デリー準州の与党政党である庶民党（ＡＡＰ）、西ベンガル州与党の全インド草の根会議派、オディシャ州のビジュ・ジャナタ・ダル（ＢＪＤ）、ウッタル・プラデシュ州の大衆社会党（ＢＳＰ）と社会主義党（ＳＰ）、タミル・ナドゥ州のドラヴィダ進歩党（ＤＭＫ）と全インド・アンナ・ドラヴィダ進歩党（ＡＩＡＤＭＫ）などがある。

この中で代表格にあるのは、西ベンガル州を基盤とする全インド草の根会議派である。２０１１年にタタ自動車の工場建設に反対し、州選挙の勝利に結びつけた党首のママタ・バナジーは、「貧困層の味方」として、そのブレない姿勢で高い人気を維持している。隣の州の東部のオディシャ州では、２０００年からナヴィーン・パトナーヤク率いるビジュ・ジャナタ・ダルが、20年以上の長期政権を担っている。この二人の党首に共通しているのは、モディ首相と同じように、個人的な蓄財がなく家族もいないことである。

デリー準州の政権を担う庶民党（ＡＡＰ）は、アービンド・ケジリワルが市民運動家やジャーナリストとともに２０１２年11月に結成した、新しい政党である。ケジリワルはもともと国家公務員で税務署の職員であったが、職を辞して社会運動家として活動を始めた。汚職撲滅《ぼくめつ》を求めて断食《だんじき》による抗議活動を行った活動家アンナ・ハザレの社会運動に参加して注目を集め、庶民党を結成した。13年12月にデリー準州で行われた選挙で、前州政権の汚職問題を大きくとり上げて勝利した。

ケジリワルは、デリーの貧困層に対する水や電気の供給、安全強化のための監視カメラ導入、女性の公共バス無料化など、様々な福祉政策を展開して、その後も支持を拡大した。ＡＡＰはデリーにほど近いパンジャブ州にも進出を試みており、将来的にはＢＪＰの対抗勢力になる可能性もなくはないが、目下のところは難しそうである。そういった意味で日本では、ケジリワルを東京都の小池百合子《こいけゆりこ》知事に喩《たと》える向きもあるようだ。

インド最大の人口を抱えるウッタル・プラデシュ州では、被差別カースト層を代表するマヤワティの大衆社会党（ＢＳＰ）と被差別以外の低カーストを支持基盤とするアキレシュ・ヤダブの社会党（ＳＰ）が、対立する有力地域政党として存在感を示してきた。しかし、２０１７年の州議会選挙でこの二大政党はＢＪＰに敗れ、マヤワティも亡くなり、ヒンドゥー教の僧侶《そうりょ》出身でオレンジ色の袈裟《けさ》をまとったヨギ・アディティヤナートが州首相を務めている。彼は同州の開発を積極的に進めており、シャー内相に続くモディ首相の後継者の一人とも言われている。

南部のタミル・ナドゥ州では、ドラヴィダ人の権利を主張する地元政党ドラヴィダ進歩党（DMK）と全インド・アンナ・ドラヴィダ進歩党（AIADMK）が、交互に政権を担っている。いずれもドラヴィダ人が多数を占める南インドの地位向上を図ることを理念としている。テランガナ州では、同州をアンドラ・プラデシュ州から分離独立に導いたチャンドラセカール・ラオ率いるテランガナ民族会議（TRS）が政権を担っている。

インド共産党（マルクス主義派、CPIM）は、インド南部のケララ州と東部の西ベンガル州で勢力を誇ってきた。現在でもCPIMは、ケララ州では与党連合の「左翼民主戦線」の一角を担っている。一方、西ベンガル州でCPIMは、1977年以来長期政権にあったが、州政府の土地買収問題で企業の便宜を図ったとしてつまずき、2011年に草の根会議派に政権を明け渡した。

モディ首相の個人的人気の高さから、2024年以降もBJPが政権を維持する可能性が大きいが、総選挙の結果次第で連立内閣となると、どこかの地域政党が意外な力を持つことも考えられなくもない。例えば2004年から09年までの第1次マンモハン・シン政権では、連立を組んだインド共産党が国政に大きな影響力を持った。24年春の総選挙でBJPが過半数を確保できない場合もありうることを考えると、今後の地域政党の動向は注目されるところとなる。

第2章　モディ政権下のインド経済

1　世界第5位の経済大国

内需主導型の経済

インドは世界最大の民主主義国であると同時に、世界第5位の経済大国である（表2-1）。2022年の名目GDPは3兆3800億ドル（439兆4000億円）で、米国、中国、日本、ドイツに続く世界第5位となっている。モディ政権が発足した14年の段階では、インドの名目GDPは世界第10位であったが、その後8年間で5ヵ国を抜いたことになる。さらに、22年の物価水準を考慮した購買力平価（PPP）に基づくGDPの国別ランキングでは、インドはドイツと日本を上回る世界第3位となっている（表2-2）。

表２-１　世界の名目GDPトップ10

順位	国名	（100万ドル）
1	米国	25,462,700
2	中国	17,963,171
3	日本	4,231,141
4	ドイツ	4,072,192
5	インド	3,385,090
6	英国	3,070,668
7	フランス	2,782,905
8	ロシア	2,240,422
9	カナダ	2,139,840
10	イタリア	2,010,432

出典：世界銀行

表２-２　世界の購買力平価（PPP）にもとづくGDPトップ10

順位	国名	（100万ドル）
1	中国	30,327,320
2	米国	25,462,700
3	インド	11,874,583
4	日本	5,702,287
5	ロシア	5,326,855
6	ドイツ	5,309,606
7	インドネシア	4,036,901
8	ブラジル	3,837,261
9	フランス	3,769,924
10	英国	3,656,809

出典：世界銀行

世界最大の人口を抱えるインドの強みは、巨大な中間層の存在である。正確な数字を把握することは難しいが、インドの大手日刊紙『タイムズ・オブ・インディア』誌によると、インド人の約３人に１人が年収50万ルピーから３００万ルピー（80万円から４８０万円。１ルピー１・６円として計算、以下同）の世帯収入を得る「中間層」に該当しており、大都市では２人に１人が「中間層」に相当する。

国際協力銀行（ＪＢＩＣ）の調査でも、日系企業が選ぶ中長期的に有望な国として、インドは首位を占め続けている。２０２２年にはインドの自動車販売台数が日本を抜いて世界第3位となった。日系企業のインドへの高い関心の背景には、インドの膨大な中間層の購買力への期待があることは言うまでもない。

インド経済のもう一つの強みは、基本的に内需主導で、海外との貿易に影響されにくいことである。２００８年から09年にかけての世界不況の時もそうであったように、現在のような世界的な不景気の状態においては、インド経済の底堅さが目立つ。よく言えば世界的な不景気の影響を受けにくい一方で、悪く言えば中国やＡＳＥＡＮ諸国のような輸出主導型のダイナミックな経済成長を遂げることが難しいという問題もある。今世紀に入って輸出主導型の高度成長を遂げた中国では、輸出依存度が２００６年に35％に至った。これに比べて、インドは中国が経験したような高い輸出比率を経験したことがなく、製造業のＧＤＰに対する比率も15％前後と低く、しかも過去20年間でこの比率が変化していない。

インドの輸出先上位は、米国、アラブ首長国連邦（ＵＡＥ）、オランダ、中国、シンガポール、バングラデシュ、英国である（日本は第26位）。輸入国の上位は、中国、ＵＡＥ、米国、ロシア、サウジアラビア、イラク、インドネシア、シンガポール（日本は第13位）となっている。インドの主要輸出品目は、石油製品、宝石類、一般機械、電気機器、化学関連製品、主要輸入品目は原油・石油製品、宝石類、電気機器、一般機械、化学関連製品となっているものの、ほとんどの品目において、インドが世界の貿易に占めるシェアは小さい。

製造業育成の遅れ

インド経済の弱点として、製造業が弱くサービス産業が主体であることは、よく指摘されている。製造業がGDPの半分近くを占めてきた中国と違い、インドで製造業がGDPに占める比率は15%前後にとどまり、しかも長年にわたって変化していない。繊維産業一つを例にとっても、アパレル輸出が急増する隣国バングラデシュの後塵《こうじん》を拝している。製造業の輸出の内訳を見ても、中国では、その21%を産業用機械や高付加価値品が占めているのに対し、インドは6%の低い水準である。グローバル化の波に乗って製造業の輸出を梃《てこ》に高成長を遂げた中国と比べ、製造業の弱いインドがグローバル化の恩恵を十分に享受できていないのは、インドの製造業がいつまでたっても高付加価値化していないことに問題があると言えよう。

2014年に発足したモディ政権は「メイク・イン・インディア」、「自立したインド（アトマニルバール・バーラト）」といった標語を掲げて製造業育成に努めている。しかし、道のりは容易でない。インドにおける製造業育成の最も大きな課題の一つに、インフラ未整備が挙げられる。電力供給の不足や道路整備の遅れなど、問題はいまだに山積みで、モディ政権の努力にもかかわらず、公共事業の遅れや予算超過などは日常茶飯事である。政府統計によると、2022年5月時点でインドにある1568のプロジェクトのうち721が遅延し、423が当初見積もられた費用を超過していた。

労働者の生産性の低さも問題である。インドでは職業訓練施設が不足しているため、未熟練労働者が多い。国連児童基金（UNICEF）は、2030年になってもインドの若者の半分近くが近代的な工業部門で働くために必要とされるようなスキルを身に付けていないであろうと予想している。また「IT大国」であるはずのインドでは、大半の未熟練労働者にはデジタル・スキルが欠如している。2021年以降、多国籍企業の間で中国一辺倒の投資先を見直す動きがある中で、インドへ製造拠点を移す企業は携帯電話の生産を除いてまだ少ない。

携帯電話の組立と半導体産業

このように製造業が弱いインドで最近例外として注目されているのは、携帯電話の生産である。2017年には、アップルの製造を請け負うEMS（電子機器の受託製造サービス）世界最大手で台湾企業の鴻海《ホンハイ》（フォックスコン）が、インド南部チェンナイの郊外でiPhoneの製造を開始した。米中貿易戦争が深刻化する中で、22年には、輸出も念頭に置いて最新モデル（iPhone14）の生産が開始された。

JPモルガンのアナリストは、2022年にはiPhone14製造全体の5%がインドにシフトされ、25年には最新モデルを含むiPhoneの25%がインドで製造されるであろうと予想している。アンドロイドのスマホの製造においても、韓国のサムスンがその最大拠点ベトナムから一部の生産設備をインドへ移すという計画が報道されている。こうした動きにともなって、携帯電話の部品供給メーカーの進出も、今後加速していくことが期待されている。

携帯電話組立と並んで将来を期待されているのは、半導体産業である。現在インドでは半導体が全く生産されていないが、鴻海がインドのアルミニウム精製大手ベダンタ・グループと組んでグジャラート州にインドの半導体工場を建設する計画を2022年に発表している。その後、鴻海はこの合弁計画からは撤退を発表したが、新たなパートナーを探している。今後鴻海の半導体生産に向けた計画が実現すればモディ首相の掲げた「自立したインド」構想に大きく貢献するであろう。

2　インド経済の変遷

長い停滞

中世から19世紀初頭まで、インドは中国と並ぶ世界に冠たる経済大国であった。英国の経済史家アンガス・マディソンの経済協力開発機構（OECD）における研究によると、インドは17世紀には世界のGDPの27％、18世紀には23％を占めていた。しかしそれが1820

年には16%に低下し、その後英国の植民地支配下で、長期低落傾向を余儀なくされた。1947年にインド連邦として独立した時点では、国民の大多数が貧困ラインを下回る惨状であった。

1955年に著名な統計学者マハラノビスが中心となって、公共投資を重工業部門に重点的に配分する5ヵ年計画を作成した。56年には産業政策決議が施行され、全ての産業が「企業の設立に国家が責任を負う分野」「国家が次第に参加するが民間企業も活動することができる分野」「民間の主導により開発する部門」の3つに分類された。

製造業は国営企業（ないし財閥を中心に育成する）というのが当時のインド政府の方針で、この「混合経済」と言われる政策によって、社会主義の平等と資本主義による活力の両方のメリットを享受することを期待されていた。また工業化に重点を置いていたため、農業部門の育成や初等・中等教育による人的資源開発は軽視された。

この時代の工業化は、輸入代替工業化と呼ばれる開発戦略に基づいて進められた。これは先進国からの工業製品の輸入を「一定期間」制限して、その間にまだ国際競争力のない「幼稚産業」を政府主導で育成して、将来的に輸入製品を全て国産に振り替えるという戦略であった。しかしこの政策は失敗に終わり、資源の非効率な分配、競争の欠如による企業の弱体化、国内市場の小ささによる投資効率の低さ、失業と不平等な所得分配、資本財（企業などが生産を目的として使用する財）の輸入による貿易収支問題、既得権益を確保するロビイングなどの「レント・シーキング」や汚職といった問題につながった。また官僚制度によるがんじがらめの規制は「ライセンス・ラージ（ラージとは支配の意味）」と呼ばれた。こうしてインド経済は、社会主義国にありがちな非効率に悩まされることとなっていった。

1960年代後半から70年代に入ると、「混合経済」による保護主義的な政策は行き詰まりが顕著となり、インディラ・ガンディー首相は世界銀行や米国に支援を求めた。しかし、当時の米国は中東と関係の近いパキスタンをインドよりも重視していたため、結局支援は受けられなかった。このことに失望したインディラ・ガンディーは、ソ連に接近していった。

そもそも初代首相ネルー（在任1947年〜64年）は、西側とも東側とも距離を置き、エジプトのナセル大統領やユーゴスラビアのチトー大統領とともに「非同盟中立」外交を推進していた。インドの非同盟中立外交は今でも継承されているが、インディラ・ガンディー首相の時代のインドは、非同盟中立と言いつつ、実際にはソ連寄りの国であった。インディラ・ガンディーは、69年には商業銀行を国有化したほか、非効率な社会主義的経済運営を推し進めていった。

こうして社会主義化の傾向を深めていったインド経済は、停滞を余儀なくされた。1980年代後半にはラジブ・ガンディー政権によってその修正が試みられたものの、うまくいかなかった。その結果、１９４７年の独立時から90年までのインドの成長率は、年平均３・５％程度にとどまり、これは「ヒンドゥー・レート・オブ・グロース」と呼ばれた。70年代から90年代にかけて、米国の支援を受けて開発を進めた韓国、台湾、香港、シンガポール、タイ、マレーシア、インドネシアなどの東アジアの国・地域がこの時期に目覚ましい経済成長を遂げたのと、対照的であった。

成功した経済自由化

１９９１年７月、インドの経済自由化がついに着手されることとなった。90年８月に始まった湾岸戦争の影響で原油価格が高騰し、中東の出稼ぎ労働者からの送金が途絶えて、91年７月インドは２週間分の輸入決済分の外貨しか手元になくなり、深刻な外貨危機に陥った。当時のナラシンハ・ラオ首相とマンモハン・シン蔵相は、国際通貨基金（ＩＭＦ）と世界銀行の融資と引き換えに、彼らが主導する「構造調整プログラム」を実行する形で「新経済政策（ＮＥＰ）」に着手した。

１９９１年７月にはまず、貿易自由化の措置がとられた。輸入許可証や輸出補助金の廃止、資本財の輸入規制緩和、民間が取引できる輸出入品目数の増加が認められた。93年には、消費財以外の輸入の数量制限が変動相場制への移行とともに撤廃され、２０００年には消費財

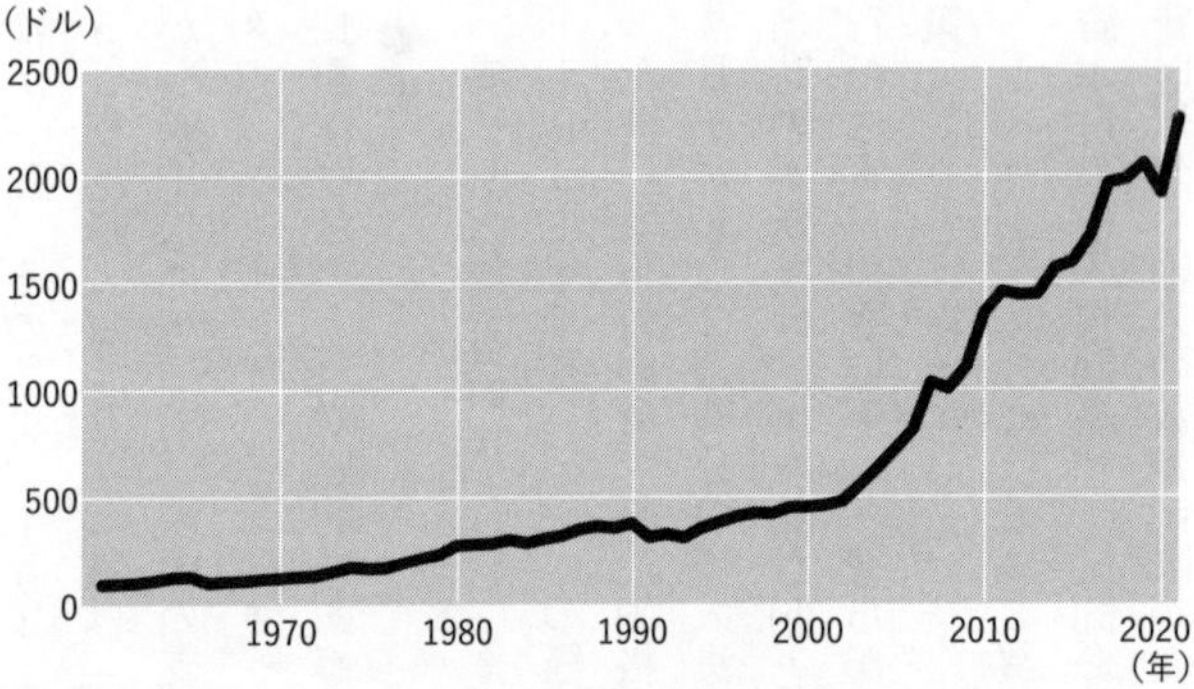

図2-1　インドの１人当たりGDPの推移
出典：世界銀行

と農産物に対する数量規制が撤廃された。00年6月には、外国為替規制法が外国為替管理法にとって代わられ、これによって中央銀行であるインド準備銀行に資本規制の範囲を決定する権限が与えられた。

関税も徐々にではあるが、引き下げられていった。農産物など一部の品目を除き、経済自由化開始前には１５０％であった最高基本関税率は、２０００年に40％、01年に35％、02年に30％、07年には10％へと下げられた。05年6月には輸出促進を目的とした経済特区法が成立し、輸出振興策も採られるようになった。

一連の経済自由化政策は成功し、インドの経済成長率は上向き始めた。その実績は国際的にも評価され、IMF経済支援を受けて経済改革を行った途上国の中でも、インドは最も成功した例であると言われるようになった。その後、インド経済はいわゆる「テイク・オフ（離陸）」のステージに入り、経済成長は一層加速した。この経済自由化の立役者とも言われたのが、後に首相となるマンモハン・シン蔵相で、彼の下にはモンテック・シン・アルワリアやP・チダンバラムといった大物がついていた。現在でもどちらかというと過小評価されている気配があるが、マンモハン・シン蔵相に十分な権限を与えたナラシンハ・ラオ首相の貢献も忘れてはならないであろう。

2003年に米大手金融グループ、ゴールドマン・サックスが発表した「BRICsレポート」では、ブラジル、ロシア、インド、中国（後に南アフリカが加わる）が将来有望な新興国として挙げられ、世界的にインドへの関心が高まった。1991年に経済自由化を開始したインドは、この頃から経済成長が本格的に加速し始め、05年度からは3年連続で9％台の経済成長率を達成した。さらに08年度はリーマンショックによる世界的な景気後退があったにもかかわらず、インドの成長率は6・7％と他国を大きく上回った。この時には、中国とインドが新たな世界経済の牽引車であるとして、「チンディア（Chindia）」という造語も生まれたほどであった。

一人当たりの所得で見ても、米ドルに換算したインドの一人当たりGDPは、過去20年間で約4倍に急増している（図2-1）。

しかし2010年代に入ると、インドの高度成長は、いったん踊り場ともいえる調整局面を迎えることとなった。その要因の一つには、当時のマンモハン・シン政権が、総選挙対策もあって補助金のバラマキを行ったことで、インフレが加速し、経済の足を引っ張ったことがある。10年からのギリシャ危機にともなう欧州の金融不安も、欧州の金融機関との結びつきの大きいインド経済に悪影響を与えた。その結果、成長率はそれまでの年9％台から7％前後へ低下した。13年5月から6月にかけて、米国のバーナンキFRB議長が量的緩和を縮小する可能性があるという発言を行ったため、世界的な流動性懸念が広まった。そのため、新興国から資金が流出するリスクが高まり、インド、ブラジル、インドネシア、トルコ、南アフリカの5ヵ国の通貨が下落し、「フラジャイル・ファイブ」と呼ばれるようになった。マンモハン・シン政権の汚職問題も次々と明らかになり、政権は機能不全の様子を見せた。国民の間には変化を求める動きが広がっていった。

2014年の総選挙では、こうした状況から大きな変革を望む多数の国民の支持を得て、インド人民党（BJP）が圧勝した。新たに就任したナレンドラ・モディ首相の経済運営の手腕には、内外から大きな期待が寄せられた。モディ政権下のGDP成長率を見ると、14年度7・4％、15年度8・0％、16年度8・3％と就任当初はまだ高かったが、17年度6・8％、18年度6・5％と徐々に低下し始め、19年度には3・7％に減速し、20年度はコロナ禍でマイナス6・6％成長となった。しかしその後のインド経済の回復は目覚ましく、21年度には成長率がプラス8・7％となり、コロナ前の水準に回復した。

コロナ禍で評価されるインド経済

コロナ禍もようやく一段落しつつある中で、金融市場が目をつけたのは、インドであった。2022年には、米国の利上げによって世界的な株価調整がなされたが、インドの株式市場は他国を上回る実績を見せた。インドの国債も、インドネシア、マレーシア、メキシコなど大半の新興国の国債を上回る安定感を見せた。南アジアの周辺国と比べて、インドは国債の自国保有率が高く、ドル建ての資金調達が少ないことは、投資家にとって安心材料となっている。コロナ後を見据えて、インドでは輸出も好調で、経済が回復しつつある先進国向けの輸出が増加したことで、21年度には、輸出3000億ドル（39兆円）という野心的な目標が前倒しで達成された。世界的な経済不況が深刻化しているにもかかわらず、23年にはインドの経済成長率が主要国の中で最も高い状況になった。

海外のインド人からの移民送金も、インドのマクロ経済を支えている。インドは移民送金額で世界トップを占め続けており、その額はコロナ禍でも減っていない。米国にはITエンジニアなど高度なスキルを持った人材がいる一方で、サウジアラビアなどの中東産油国ではインド人の未熟練労働者が、インド本国へ稼ぎの大部分を送金している。

これまでのインドでは、原油価格が高騰すると貿易赤字が拡大し、それが補助金の拡大による財政赤字とともに、マクロ経済に悪影響を及ぼすことが多かった。しかし2021年には原油高にもかかわらず、経常収支が黒字化した。

インドの外貨準備高は、2023年5月現在で約6000億ドル(78兆円)に達し、外貨保有残高の世界ランクで中国、日本、スイス、台湾に次ぐ第5位となっている。金の保有残高も310億ドル(4兆300億円)相当となっている。これは、スリランカやパキスタンなどの周辺国が軒並み外貨繰りに苦しんでいるのと対照的である。

インド政府の債務残高はGDPの7割に抑えられていて、財政規律も保たれている。インドは2003年の財政責任および予算管理法(FRBM)で、年間財政赤字をGDPの3・5%に制限しており、これが財政の歯止めとなっている。コロナ禍ではこの制限を上回ることとなったものの、日本を含む先進国のような手厚い経済支援をしなかったインドでは、財政指標が比較的健全である。日本と同様に対外債務が少ないことも特徴で、インドの対外債務は国内向けも含めた債務全体の25%、GDPの19%にとどまっている。そのため、1997年のアジア通貨危機のようなことが、インドでは起きにくいという安心感がある。

他国を上回る実績

こうして、インド経済は成長軌道に乗っていった。今世紀に入ってからのインド経済の実績を他国と比較すると、十二分に満足のいくものであることがわかる。ＧＤＰの世界ランクにおいて、インドは１９８０年13位、２０００年13位と停滞していたが、17年には世界10位、21年には世界6位、22年には英国を抜いてドイツに続く世界5位へ躍進した。１９８０年から２０２１年までのインドのＧＤＰの年間平均成長率は６・１％で、これは同じ期間の全世界の２・４％、新興国の４・５％を大きく上回った。

国際通貨基金（ＩＭＦ）の中期予測によると、インドの名目ＧＤＰは２０２５年にドイツ、27年に日本を抜いて世界第3位に浮上する見通しである。米ゴールドマン・サックスが22年に発表したレポートでも、インドは50年に世界第3位（日本は6位）、75年には米国を抜いて世界第2位（日本は12位）の経済大国に浮上すると予測されている。中国は１９８０年に第7位、２０００年には6位であったのが、22年には米国に次ぐ2位（3位の日本の3倍）になっており、今後はインドがそれを追いかける形となることは疑いないであろう。

これに比べて、インドと所得水準が大きく変わらない新興国ブラジルとメキシコは、今世紀に入ってともに伸び悩んでいる。ブラジルは２０００年の10位から22年には11位と順位がほとんど変わらず、メキシコに至っては１９８０年の11位から２０２２年には14位に後退している。こうしたことからも新興国の中では、中国と並んでインド経済の強さは明らかである。中国経済の成長率が鈍化するとともに、インドへの注目はさらに増しつつある。

3　モディ政権の成果と批判

3つの実績

2014年に始まったモディ政権の主な実績は、インフラ整備、投資環境の改善、汚職撲滅の3つに要約することができる。この中でもとりわけ評価に値するのは、インフラ整備の推進である。高速道路の建設ペース一つをとってみても、前政権時代に一日平均8～11キロメートルにすぎなかったのが、モディ政権になってからは、36キロメートルへと大幅に加速した。その立役者の一人と言われているのは、モディ政権の重要メンバーとも言うべきガドカリ道路交通・高速道路相である。道路以外にも空港、港湾などの大型インフラや、公共トイレの建設、調理用ガスや水道設備など、庶民向けのインフラの整備も進んでいる。一部の報道では、新設の公共トイレが別の使われ方をしたとか、燃料価格高騰によって調理用ガスが使いづらくなった、といった問題点が指摘されてはいるものの、全体として、国民の生活が確実に改善しているのは、明らかである。2024年度国家予算案では、資本支出を33%増額して10兆ルピー（16兆円）とすることでインフラ整備を進めていく方針が明らかにされており、シタラマン財務相は資本支出を3年連続で大幅に引き上げることを明らかにしている。

モディ政権下におけるインドの投資環境は、インフラ整備以外の点でもかなり改善している。最近まで毎年発表されていた世界銀行の投資環境指標の国別ランキングで、インドは２０１６年まで１３０位にも入っていなかったが、18年には１９０ヵ国中77位、19年には63位へとランクが急上昇した。順位が上がった理由の一つは、法制度の整備である。破産法の改正による破綻した企業の整理、硬直的で複雑であった労働法の簡素化など、モディ政権は投資に関する法制度の改正を積極的に行った。破産法の改正によって、インドの地場企業だけでなく、日系企業もインドでビジネスがしやすくなった。後に詳しく述べる労働法の改正も、それまでの政権では考えられなかった企業寄りの改革であった。

法人税も大幅に引き下げられている。２０１９年度の国家予算では、これまで25％または30％であったインドの法人税率が22％に引き下げられ、新規設立の製造企業の法人税は15％にまで下げられた。この税制改革で、法人税や所得税などの直接税と物品・サービス税などの間接税の比率は半々となった。

これに対しては、直接税は分配志向、間接税は成長志向の傾向があるため、格差是正が後回しにされているという批判や、コロナ禍では供給側より需要側に問題が多いため、法人税引き下げより先にすべきことがあるはずだという批判の声も出ている。しかし、企業寄りのモディ政権による法人税引き下げの断行は、企業の投資が経済の全体のパイを大きくし、それによって貧困削減も進むという考えに基づくようである。このように、実際には企業や富裕層寄りのモディ政権の支持率が低所得者層の間でも高いのは、モディ首相個人のカリスマ性やコミュニケーション戦略の巧みさに拠るところが大きい。

汚職撲滅と透明性強化のための取り組みも、一段と進んでいる。それまで銀行取引に無縁だった大多数の国民に銀行口座を開設させ、「アドハー・ナンバー」と呼ばれるインド版のマイナンバーに紐《ひも》づけしたデジタル・ペイメント（電子マネーの付与）を行う「ジャン・ダン・スキーム」を構築したことで、村の有力者等による違法な中間搾取《さくしゅ》がなくなり、補助金の透明性は格段に向上した（第5章）。

透明性の強化はビジネスの拡大にも貢献している。例えば、環境基準などにかかる政府の許認可行政においても、これまでは下級役人に賄賂《わいろ》を支払わないとライセンスが与えられないことが多かったが、ITを活用して「一定期間にライセンスが下りない場合、監督官がその理由を開示しないといけない」という制度を作り、新規ビジネスへの参入が容易になった。

労働法の改正

インドではこれまで、英国統治時代から存続した29以上の労働法が存在しており、その複雑な法体系は、ビジネスを行う上での障害となっていた。しかし、２０２０年の国会審議を経て、これらの労働法は4つの法に集約された。新しい法は、第一に被雇用者の労働安全衛生基準の統制に関する法律、第二に労働組合、雇用条件、労働争議等に関する法律、第三に全ての被雇用者および労働者へ社会保障を提供することを目指した社会保障に関する法律、それに加えてこの三法に先立って承認されていた賃金に関する法律から成っている。この法制度改正によって、労働者に十分な権利を与えつつ、企業の成長を促進して雇用を作り出す環境を整えることが可能となった。

これまでインドでは、企業規模を大きくすると、企業活動を万一清算する場合に解雇するために政府認可を得ることが難しかったり、多くの労働関連法の存在による労務責任の重さといった理由から、大多数の企業が零細なままであるといった問題があった。２０１７年度の政府の調査によると、インドで登録された工場の47％が20名以下の雇用にとどまっていて、全体の生産の4％を占めるにすぎなかった。このことによって、インドの多くの産業では規模の経済が働かず、国際競争力を欠いており、供給サイドの問題となっていた。

さらに、行き過ぎた労働規制のため、多くの企業が正規雇用より契約雇用を優先させてきた。工場における契約労働者の割合は、２００４年度の26％から17年度には36％まで上がり、直接雇用の労働者の割合は74％から64％に低下した。18年度の政府の報告書によると、非農業部門の70％の被雇用者が雇用に際して書面契約を行っておらず、54％は有給休暇の権利がなく、52％は社会保障の受益もなかった。

新しい労働法では、労働安全衛生基準の統制に関する法律では「工場」の定義が変更され、これまでの「10名以上（電力利用）、20名以上（電力利用なし）の労働者が働く全生産場所」が「20名以上（電力利用）、40名以上（電力利用なし）」となった。州間の移民労働者の定義についても変更があった。また州間移民労働者は、出身州もしくは就労州のどちらかで公共配給サービスを利用できるようになった。これは、コロナ禍のロックダウンで故郷の州に帰れなくなった移民労働者が、居住地の州政府の支援を受けられなくなり、社会問題となったことへの対応であった。加えて、いかなる職種においてもジェンダーによる差別を撤廃することも盛り込まれた。実際にジェンダーによる差別がどこまでなくなるかは未知数ではあるものの、法制化したことは評価できる。

中央政府と州政府の役割分担においては、中央政府を公共事業部門における所轄政府機関として定め、中央が鉄道、鉱山採掘、油田、主要港、航空、通信、銀行、保険などの企業の監督を行い、州政府はそれ以外の企業の所轄政府機関とすることとされた。これによって、これまで明確でなかった「中央と地方の労働規制における切り分け」も明確となった。総じて、モディ政権の労働法改正は、インドにおける企業のビジネス活動をかなり容易にしたと言ってよいであろう。

土地収用法の改正の頓挫と民営化

一方、労働法の改正と並んで産業界から期待されてきた土地収用法の改正は、依然として頓挫した形となっている。マンモハン・シン政権の時代に、州政府が農民向けの土地を収用するために支払う価格が法律で高く設定されることとなり、このことで、州政府による工業団地の建設が難しくなっていた。そしてそれは、インドに進出する日系企業にとっても、工場用地獲得における大きな障害となっていた。しかし、この法を改正することで、農民に対する土地買収の支払い代金が引き下げられるというセンシティブな問題をはらむため、現行の土地収用法の改正はしばらくは難しいと考えられる。

これまでの政権が手をつけてこなかったもう一つの課題は、民営化の推進である。これまでインド政府の歳入増加は、経済成長にともなう税収増によって賄われてきた一方で、国営企業の民営化による歳入の確保は、労働組合の反対などもあって遅れていた。しかし、モディ政権では民営化の推進に手を入れつつあり、最近の事例としては、エア・インディアの民間企業への売却とインド生命保険（LIC）の上場が実現した。エア・インディアは国内線のインディアン・エアラインズとの合併が相乗効果を生まず、赤字垂れ流しや職員のモラルやサービスの低下が問題視されていた。しかし、2021年にタタ財閥への売却が実現し、新生エア・インディアは、エアバスとボーイングに旅客機計470機を発注したと発表した。一つの航空会社の発注としては過去最多記録となる。

LICは、長年インドの生命保険市場を独占してきた国営企業で、現在でも6割以上のシェアを握っている優良企業である。2022年5月にインド政府がその株式の3・5%を売り出し、調達額は2055億ルピー（3288億円）と、インド最大の新規株式公開（IPO）になった。こうして民営化が進んでいくことで、インドの財政運営も容易になっていくであろう。

経済学者たちの批判

経済運営で成果を上げつつあるモディ首相の評価は経済界では高いものの、経済学者の中には批判的な意見を持つ人も少なくない。インド生まれで金融工学の権威のラグラム・ラジャン教授は、インド準備銀行の総裁に招聘《しょうへい》されて多くの業績を上げたにもかかわらず、モディ首相と折り合いが悪く、3年の任期を更新せず、古巣のシカゴ大学に戻った。最大の問題は後に述べる高額紙幣廃止措置に関する意見対立であったと思われるが、詳細は不明である。

ラジャン教授は2019年に行った講演で、「モディ政権になってから首相府（PMO）の権限が一段と強化されたが、官僚たちはモディ首相に反対意見を述べられず、失敗を恐れてリスクをとらず、行政は機能していない」と批判を展開した。この講演のコメンテーターを務めたコロンビア大学教授アーヴィンド・スブラマニアンも、モディ政権で主席経済顧問を務めたものの、任期半ばで辞任している。その後、インド政府の主席経済顧問には、国際的には知名度が高くないエコノミストばかりが就いている。

インド人のノーベル経済学賞受賞者も、モディ政権への批判を展開している。ハーバード大学のアマルティア・セン教授は、モディ首相が州首相を長く務めたグジャラート州と左派政権が長く続いているインド南部のケララ州を比較して、後者の方が教育や保健などの人的資源開発が進んでいる、と主張している。

2019年にノーベル経済学賞を受賞したアビジット・バナジー教授も、モディ政権に好意的とは言えない。受賞直後のMITのキャンパス祝賀会で彼は、「インド経済は非常に悪い。最近発表された政府統計データでは、17年度のインドの1人当たり平均消費支出額が14年度を下回っていた。このようなことはこれまでなかった。インド政府は都合の悪い統計は認めたくないようだ。この悪い状況がいつまで続くかわからない。人々が貧しすぎて農村に需要がない」とモディ首相の経済運営を批判し、その映像は世界中に流された。バナジー教授は、インド経済の問題は需要サイドにあるため、コロナ禍での現金支給がもっと必要であったという見解で、彼によるとモディ政権の行った法人税引き下げの効果は限定的である。

彼ら以外にも、ロンドン大学（LSE）のメグナッド・デサイ、カリフォルニア大学バークレー校のプラナブ・バルダンといった重鎮が、モディ首相の開発独裁に対する批判を展開している。2019年3月には、インドの著名学術誌『エコノミック・アンド・ポリティカル・ウィークリー』に、インドを代表する108名の学者が、連名で「滅茶苦茶な経済統計」と題したモディ批判の論稿を掲載した。この論稿は、失業率を始めとする公式統計に関するインド政府の態度に対して異議を唱えたものである。経済学者にとって「データの正しさ」は、何よりも大切である。欧米の大学に籍を置く著名なインド人経済学者と、インドの事情には詳しいモディ政権のいずれが正しいかはわからないが、一つ言えることとして、トップクラスのインド人の知見がモディ政権の経済運営に活かされていないのは、残念なことである。

民主主義と経済成長に対する考え方

世界最大の民主主義国インドの経済運営を任されているモディ首相にとって、民主主義と経済成長の関係は複雑である。商業の盛んなグジャラート州出身のモディ首相は、インドと中国の経済の差が毎年開き続けるのを目の当たりにしてきた。そのためモディ首相の「民主主義」に対する考え方が多少なりとも影響を受けたとしても不思議はない。アジア開発銀行の中尾武彦《なかおたけひこ》元総裁は、モディ首相と面会した際、「民主主義であるため、インドの経済発展は中国より時間がかかっている」と聞かされている。

モディ首相はおそらくシンガポールのリー・クワンユー元首相のような「規律を重んじる開発独裁型」リーダーを目指しているのであろう。2014年の首相就任直後、モディ首相は大臣のオフィスに早朝に直接固定回線で電話して定刻出勤を確認し、緩み切ったインドの仕事文化に規律の徹底を持ち込もうとした。

モディ首相のこうした姿勢が弛みきったインドの仕事文化だけでなく、インドの経済全般をどこまで変えていけるかは判断が難しいところである。民主主義で大国のインドは都市国家シンガポールとは条件が違いすぎる。仮にリー・クワンユーが現在のインドの首相になっても、シンガポールで成し遂げたような成果を上げることは難しいであろう。

しかし、リー・クワンユーにはなれなくても、モディ政権になってからは、中央政府の大きな汚職はなくなり、投資環境も改善し、大規模テロもなくなっている。海外の大学で教鞭《きょうべん》をとる一流のインド人経済学者より、たとえ学術論文の数は少なくても、インドの事情を知り尽くした専門家も政権をサポートする側に多くいることも事実である。欧米のリベラルなメディアでは、反モディのバイアスが強いため、大御所によるモディ批判ばかりが記事として報道される傾向も少なくない。

欧米でも日本でも「インド・イコール・モディ」という感じで、インドで起きている出来事が、全てモディ首相の責任であるとするような論調もたまに見かける。しかし、中国とは違う政治体制の中で、長年にわたって蔓延した数々の問題をひとりのスーパーマンが簡単に解決できることはあり得ない。マンモハン・シン前首相は退任に当たって「自分の評価は(将来の)歴史が決める」と語ったが、モディ首相も同じである。モディ首相の業績が20年後、30年後にどう評価されているか、歴史が証明することであろう。

依然高い庶民の人気

海外のメディアや経済学者によるもろもろのモディ批判とは裏腹に、インド国内におけるモディ人気は依然として根強い。コロナ禍で多くの国々のリーダーが退場を余儀なくされたのと違い、モディ首相は国民の支持を集め続けている。2023年5月のG7サミットで、バイデン大統領はモディ首相に対して、居合わせた他のどの首脳よりも圧倒的に高いその支持率について、賞賛の言葉を述べた。

モディ首相の人気は、彼の清廉潔白《せいれんけっぱく》な強いリーダーとしてのイメージによるところが大きい。大手週刊誌『インディア・トゥデイ』は、2019年に19の州の農村や都市で大規模な街頭インタビューによる世論調査を行った。その結果によると、モディ政権の成果の中で最も評価すべきものとして「スワッチ・バーラト・ミッション」(インドを清掃しようという運動)17%と「ブラックマネー対策」の17%が首位となり、これに「汚職のない政府」14%、「物品・サービス税(GST)の導入」11%、「インフラ整備」8%が続いた。この調査では、ブラックマネー対策と汚職のない政府が2項目に分かれていることから、二つを合わせた31%の反汚職が最大の成果と見られていることになる。

モディ首相のクリーンなイメージは、インドが独立してから長年にわたってインド政治を支配してきたガンディー家の汚職体質に飽き飽きしていた国民に、うまくアピールした。モディ首相は独身で、親族に資産を残す意図がない。彼の母親は2022年末に99歳で亡くなるまで、古い家で質素な暮らしを続けた。モディ首相の実弟は、グジャラート州の政府公務員としてたいして出世することなく、その地味なキャリアを終えた。本人はクリーンだったマンモハン・シン前首相が、自分の内閣の閣僚の大規模汚職を黙認していたのと対照的で、モディ首相が目を光らせているため、モディ内閣の大臣には汚職の噂《うわさ》がない。

モディ首相の巧みな演説能力や世論コントロールの能力も、特筆に値する。原稿なしで滔々《とうとう》とスピーチを行うモディ首相の演説会での盛り上がりぶりは、あたかもロックスターのコンサートのようでさえある。カリスマ的な人気を誇るモディ首相は、SNSを用いた一般大衆とのコミュニケーションの取り方においても並ぶものがない。インドでは5年ごとの総選挙に加えて地方選挙が毎年のように行われており、それがモディ首相の経済運営に不満を持つ有権者の「ガス抜き」になっているため、総選挙では与党が圧勝できているという見方もある。

「庶民を守る強いリーダー」というイメージを国民の間に確立できたことも大きい。「パキスタンやイスラム過激派の脅威をヒンドゥー教徒に無理やり植えつけている」という批判もある一方で、モディ政権になってからは、過激派イスラム教徒のテログループに対する取り締まりが強化され、大規模なテロが起きていない。

モディ首相に有力な対抗馬がいないことも、幸いしている。筆者の知る比較的リベラルな考えを持つインド人でも、「ほかに有力なリーダーが見当たらない」として「消去法」でモディ首相を次期首相に推す人が少なくない。国民会議派などの野党はファミリーが実権を握っている。インドでは高等教育を受けたエリートが政治家になりたがらず、官僚出身の政治家も少ない。

BJPの政治家の中でもモディ首相の人気は別格である。2023年4月の大手週刊誌『インディア・トゥデイ』の世論調査では、有権者の52%がモディ首相を支持し、この数字はシャー内相（26％）やウッタル・プラデシュ州首相のヨギ・アディティヤナートなどを大きく引き離している。そのため、モディ首相は自らの党の重鎮らの意見調整に力を注ぐのではなく、国政に専念できている。こうした状況において、モディ政権がこれからさらに長期化する可能性も、十分に考えられる。

第3章　経済の担い手――主要財閥、注目の産業

1　主要財閥の盛衰

インドの財閥

モディ首相ばかりに注目が行きがちなインドであるが、インド経済の実際の担い手は、財閥やIT企業をはじめとする民間部門である。この中でもとりわけ重要なのは財閥の役割である。

インドの財閥は独立前から国内で大きな役割を担い、現在に至るまでインド経済を支えてきた。1947年の独立に当たって、ネルー初代首相が英国統治時代に財を成した大手財閥を解体しなかったのは、インド独立に当たって財閥の影響力が経済的にも政治的にもあまり

に大きく、そうすることでインド経済を瓦解させてしまうことになりかねない、と考えたからに違いない。

インドの大半の財閥は、マルワリ、グジャラティ、パンジャビ、パールシーのいずれかのコミュニティに属しており、とりわけ「インドのユダヤ人」とも言われるマルワリのコミュニティに属する財閥が長らく牛耳ってきた。彼らは英国の植民地時代に大英帝国との交易を支え、独立後はインド政府を金銭的に支援することで、ビジネスを保護され、利益率の高いビジネスを手広く営んできた。これは政府との癒着を一層深めることとなり、内外の競争から守られた財閥企業の経営は、きわめて非効率なものとなっていった。

しかし、1991年の経済自由化開始後、規制が緩和され、輸入関税も大幅に引き下げられたことで、インドの財閥は海外企業との競争にさらされることとなった。新しい産業も育ってくる中で、それまで政府の保護によって利益を上げてきた多くの財閥は、経営規模の縮小に追い込まれた。これまで政府との結びつきが強かっただけに、マルワリ系の財閥にそれが特に顕著であった。そのような中で、マルワリ系の中では最大であったビルラ財閥と、パールシー（イランから移住したゾロアスター教徒）のタタ財閥、そしてグジャラティのリライアンス財閥の三大財閥は、外資企業との合弁や提携、海外でのビジネス展開などによって生き残り、その後のインド経済の拡大とともに急成長を遂げた。

現在、インドの財閥の中で時価総額がとりわけ大きいのは、タタと新興財閥リライアンスである。２０２３年1月時点のタタ財閥の時価総額は21兆ルピー（33兆６０００億円）、リライアンスが16兆ルピー（25兆６０００億円）、それに続いてもう一つの新興財閥であるアダニが９兆ルピー（14兆４０００億円）となっている（表3-1）。

企業別の時価総額ランキングで見ると、財閥系ではリライアンス・インダストリーズ、ＴＣＳ（タタ・コンサルタンシー・サービシズ）が首位と2位を占めており、時価総額はそれぞれ17兆ルピー（27兆２０００億円）、12兆ルピー（19兆２０００億円）と突出して大きい。個別企業の時価総額上位10社の3位以下は、ＨＤＦＣ銀行（金融）、ＩＣＩＣＩ銀行（金融）、ヒンドゥスタン・ユニリーバ（ＨＵＬ）（日用品）、ＩＴＣ（食料品）、インフォシス（ＩＴ）、ＳＢＩ（金融）、ＨＤＦＣ（金融）、バルティ・エアテル（通信）となっていて、全て民間企業である。

表3-1　インド財閥の時価総額ランキング（2023年３月）

順位	財閥	（1000万ルピー）
1	タタ	2110692
2	リライアンス	1599956
3	アダニ	929860
4	バジャージ	765493
5	ビルラ	477191
6	マヒンドラ	302155
7	ジンダル	291478
8	ベダンタ	239316
9	ムルガッパ	228172
10	ゴードレージ	151234

出典：『The Economic Times』2023年３月13日

財閥系企業でリライアンス・インダストリーズ、ＴＣＳに続くものとしては、バジャジ・ファイナンス（金融）とコタック・マヒンドラ（金融）が、ともに時価総額4兆ルピー（6兆4000億円）前後で、トップ10社のすぐ下につけている。バジャジは二輪、マヒンドラは農機具や四輪を主体としたビジネスを行っている財閥グループである。マヒンドラ財閥のトップであるアナンド・マヒンドラは、2023年6月のモディ首相の米ホワイトハウスの晩餐会にも招待されている。22年末には、新興のアダニ財閥のアダニ・エンタープライズが、企業別時価総額ランクの10位に一時入ったが、その後の株価下落でランクを下げている。

国営企業の時価総額首位はLIC（生命保険）で、バジャジ・ファイナンス、コタック・マヒンドラとほぼ同じ規模である。LICは2022年5月、一部民営化されているが、その比率は低い。スタートアップ企業も増えてきてはいるが、まだ上場企業はあまり多くなく、23年時点では上場企業の時価総額上位100社に入っているスタートアップ企業はない。

タタ財閥

インドで財閥というと、まずタタを思い浮かべる人が多いであろう。タタ財閥は、インド経済の担い手としてインド独立前から重要な役割を果たし続けてきた。タタ財閥全体の売上は、インドのGDPの3％、輸出総額の5％にも及ぶ。鉄鋼、自動車、食品、電力、通信、金融、不動産、小売、レジャー、ITなどの分野で100近い企業を擁しており、グループ全体では20万人を超す従業員を抱えている。中核を担う企業はTCS（IT）、タタ製鉄、タタ自動車、タタ・パワー（電力）、タイタン（宝飾品）などで、いずれも業界屈指の企業である。とりわけTCSは、タタ・グループの全体の時価総額の約半分を占めるインド最大のIT企業である。

タタ財閥の創業者ジャムシェトジー・タタは、1839年グジャラート州生まれのゾロアスター教徒である。29歳の時に貿易商社を創設したジャムシェトジーは、その後紡績、製鉄、電力、ホテル業などに手広く進出していった。その後タタは、英国の植民地時代に英国・インド・中国（当時の清《しん》）の三角貿易で、アヘンや綿花などを取引して財を築いていった。日本との関係も深く、1893年にタタ商会は、日本郵船と共同でボンベイ（ムンバイ）と横浜を結ぶ航路を開設して、インド産綿花を日本に輸入した。このことは、日本の紡績産業のその後の発展に大きく貢献した。

「インド産業の父」ジャムシェトジー・タタは、インド東部のビハール州ジャムシェドプールに、民間初の製鉄所も建設した。彼はまた、インドを象徴する存在であるムンバイのタージマハル・ホテル（現タージマハル・パレス）も建設した。有色人種であるため当時の一流ホテルから宿泊を断られ、それを超すホテルを自分で建設するという野心を1903年に実現した彼のそのストーリーは、インドでよく知られている。

ジャムシェトジー・タタの死後、タタ財閥は一族で経営が引き継がれ、その活動範囲は基幹産業を含む多くの産業に広がっていった。他の財閥と比べると政府の庇護に頼るところが少なかったタタ財閥は、経営も比較的近代的であった。そのため、経済自由化が始まる前から、TISCO（現在のタタ製鉄）、TELCO（現在のタタ自動車）などのタタ財閥系企業は、他の財閥系企業や国営企業とは一線を画した効率経営を行っていた。

1991年にインドが経済自由化を開始した後、タタは文字通り「インド経済の牽引車」としての役割を果たしてきた。タタ製鉄やタタ自動車以外だけでなく、タタと名がつく企業は業界のトップ、ないしは悪くてもトップ3に入っていることが一般的である。インド人の消費者にとってタタ系の企業であれば、それだけで安心して購入に踏み切れるような信頼のブランド力がある。

一例を述べると、タイタンは18金ではなく22金が一般的なインドの宝飾品業界で、金の比率をごまかさないことから消費者の信頼を得て、結果的に圧倒的な市場シェアを確保した。インフィニティ・リテールが展開する家電チェーン「クロマ」は正価販売で、インド各地で見ることができる。インディアン・ホテルズの「タージ」のブランドは、インドのホテル業界ではオベロイと並んでトップブランドである。

タタ財閥の経営は、創業家の持ち株会社（タタ・サンズ）がグループ企業に資金を供給し、それらのグループ企業の経営を信頼の置ける有能な番頭に任せ、オーナー家の株を所有する持ち株会社がその業績をモニタリングするという形態をとっている。

タタ財閥は、汚職をしないクリーンな体質でも知られており、売上の一部を社会に寄付するなど社会貢献にもきわめて熱心である。インド最高峰の大学の一つであるインド科学技術大学院（IISC）もタタが設立している。タタ財閥には関連企業43社のCEOをメンバーとするタタ・コミュニティ・イニシアチブ評議会があり、そこでCSR（企業の社会的責任）活動が統括されて、毎年多額の資金が投入されている。タタは賄賂を払わない分だけ他の財閥より「スピード感」には欠けることがあるが、インド企業とは信頼関係の構築が難しいという印象を持つこともある日本人ビジネスマンの間で「タタだけは絶対に騙《だま》されることがない」という信頼を得ている。タタは「インドの良心」とも言える存在なのである。

タタ財閥は従業員を家族の一員のように扱うことで評判で、コロナ禍でも解雇を行わなかった。2008年11月のムンバイ同時多発テロでタージマハル・ホテルが甚大な打撃を受けた時は、タタの理念に忠実なホテル従業員が文字通り命懸けで宿泊客を守り、タタ財閥のオーナーは、亡くなった従業員の遺族に定年までの給与の支払いと補償を約束した。

苦境からの復活

2000年代になると、タタ財閥は海外で積極的な企業買収（M&A）に乗り出した。タタ製鉄は英蘭のコーラス製鉄、シンガポールのナット・スティール、タイのミレニアム・スティールなどを矢継ぎ早に買収した。07年のコーラスの買収額は、当初合意されていた金額を5割近く上回る巨額なものとなったが、これでタタ製鉄は世界6位の鉄鋼メーカーになった。

タタ自動車は、英高級車のジャガーとランド・ローバーを米フォードから2008年に買収した。この買収は、当時のラタン・タタ会長の個人的意向を反映したものと言われ、旧宗主国である英国の老舗高級自動車メーカーの買収は、インド人のプライドを大きく満足させた。ジャガーとランド・ローバーの同年の売上とコーラス製鉄の前年の売上の合計は182億ポンド（2兆9120億円。1ポンド160円として計算）となり、それだけで2006年度のタタ・グループの総売上を上回った。

それ以外にも、タタ・ティーの米エイト・オクロック・コーヒー買収と米飲料メーカーのエナジーブランズへの資本参加、タタ・パワーのインドネシアの炭鉱大手への出資、タタ・ホテルズによるニューヨークのピエール、ボストンのリッツ・カールトン、サンフランシスコのカンプトン・プレイスといった高級ホテルの買収など、大型買収が相次いだ。タタ・テレサービシズはNTTドコモとの合併に乗り出した。その当時、これらの企業買収がその後のタタ・グループの経営の足枷《あしかせ》となると予想する人は少なかった。

しかし、リーマンショックを経て世界経済が不況に陥り、タタ・グループのそれまでの積極経営は災いの元となった。タタ自動車は高級車路線の中国市場における売上不振に見舞われた。タタ・パワーはインドネシアの石炭価格の値上がりで限られた利益しか生み出さなかった。欧米の高級ホテルの高値摑みの買収では損失を出し続けた。

一般にインド企業の企業買収は、破綻した企業を底値で買い叩き、徹底したリストラを行って利益が上がる体質にしていくスタイルが多いとされる。しかしタタの企業買収は、ちょうどバブル期の日本企業のような高値摑みが多かった。タタは日本企業とは波長が合うが、それだけにインドの他企業より意思決定が遅く、官僚的な体質が業績低迷につながったという指摘も一部の日本企業の中にさえあった。

苦しい状況の中で、タタ製鉄は英国の資産の一部を手放し、タタ・テレサービシズはNTTドコモとの合弁会社を清算した。ラタン・タタの肝いりでタタ自動車が開発した10万ルピー（16万円）の大衆車ナノは当初世界中から注目されたものの、安全性の点で完全でなく、「貧乏人の車」というイメージがついてさっぱり売れず、「2台目の車」として販売戦略を練り直したものの挽回《ばんかい》できず、販売停止に追い込まれた。

2012年には引退を表明したラタン・タタの後任として、タタ・グループの大株主でゾロアスター教徒ということから、タタ一族とも親しかったサイラス・ミストリーが会長に就任した。しかしミストリーもタタ・グループの業績を改善できなかった。この時期にタタ財閥の企業は株価も低迷し、業績好調だったのはITのTCSと宝飾品のタイタンくらいと言っても過言ではなかった。

2016年には、タタのコーポレート・ガバナンス（企業統治）に疑問符がつけられる出来事も起きた。サイラス・ミストリー会長が、ラタン・タタによって突然解任されたのである。従業員を解雇しないことで知られるタタ財閥の経営トップがオーナーに十分な説明もなく解任されたことは、財界関係者に衝撃を与えた。突然の解任後、ミストリーとタタ財閥の間で裁判が行われ、最終的にラタン・タタ側が勝利したものの、禍根は残った。22年、ミストリーはタタの持ち株を売却した直後に、不慮の交通事故で亡くなった。ゾロアスター教寺院からムンバイの自宅へ向かう、高速道路上のスピード違反事故であった。

2017年1月、タタ財閥の新会長にTCSの社長として実績を上げたナタラジャン・チャンドラセカランが選出された。「チャンドラ」の愛称で呼ばれるチャンドラセカランはTCSの生え抜きで、ゾロアスター教徒ではなくヒンドゥー教徒であるが、TCSを時価総額で米IBMを上回る巨大IT企業に育て上げたプロフェッショナルな経営者としての実績が評価された。チェンドラセカランのTCS社長就任当時、TCSとその競合2社の間に大きな差はなかったが、彼の力でTCSが他を圧倒するに至った。インドの企業の業績は、トップの力量に依存するところが大きいことの一例であった。

タタ・グループの会長就任後、チャンドラセカランはタタ・グループの企業ポートフォリオ再編に乗り出し、ミストリーが解決できなかった過去の買収案件を清算していった。それに続いて、タタ自動車のEV開発、タタ・パワーによるEV充電インフラ整備などに大型投資を行い、国営のエア・インディアを買収するといった、攻めの経営にも乗り出した。チャンドラセカランの下でタタ・ティーのスターバックスとの合弁事業の成功に続き、iPhoneなどのアップル製品のみを販売する専門店を国内に100店舗展開する計画も進んでいる。

チャンドラセカラン（ロイター/アフロ）

　2022年12月に来日した際、チャンドラセカランは、タタが今後数年以内にインドで半導体生産事業に乗り出すと発表した。回路形成が終わった基板（ウェハー）を最終製品の半導体チップに仕上げる「後工程」の生産にまず参入して、将来は回路を作る「前工程」への参入も検討するという計画である。再び成長軌道に乗ったタタは、将来にわたってインドビジネスの代名詞的存在であり続けるであろう。

リライアンス財閥

タタと並ぶ二大財閥の一角であるリライアンス財閥は、石油精製、原油天然ガス採掘、化学繊維、石油化学から小売、携帯事業まで、多角的な事業を行う一大企業グループである。リライアンスはタタやビルラのような伝統的な財閥と違って新興財閥の部類に入り、その起源はグジャラート州生まれのディルバイ・アンバニが出稼ぎ先のイエメンからインドに戻って、1957年に繊維貿易を始めたことに遡る。ディルバイはイエメンで、通貨に含まれる銀の分量が多いことに着目して、コインを集めて溶かし、入手した銀を輸出するなどして元手を得たとされる。

リライアンスは1977年に上場し、その後も驚異的な成長を続けてきた。91年に経済自由化が開始されるまでのインドでは、時の政権との結びつきがとりわけ重要で、リライアンスはそのメリットを最大限に享受した。インディラ・ガンディー首相の庇護の下、リライアンスが進出した産業には、他企業の進出が認められず、リライアンスは独占的利益を享受した。例えば同じ合繊《ごうせん》でも、ポリエステルのライセンスはリライアンス、レーヨンはビルラだけに産業許可が与えられるといった具合であった。そのため、賄賂と引き換えにディルバイ・アンバニが利権を与えられているのではないかという批判もしばしば聞かれたが、ディルバイはこれに対して、上場後の株価上昇による株主の利益を強調して反論した。

リライアンスは1991年にグジャラート州ハジラに合繊工場を設立し、またたく間に世界最大のポリエステル・メーカーとなった。2000年にはジャムナガルに石油化学工場と関連製油所を設立し、合繊だけでなくその材料を作る石油化学と製油にまで乗り出した。この垂直統合型のビジネスモデルは、結果的に大成功を収めた。

2017年にリライアンスは英石油大手BPと組んで天然ガス開発に乗り出し、インド東部ベンガル湾KG-D6ブロックの権益の6割を獲得した。BPと組んだリライアンスは国内の給油所も大幅に増やしている。リライアンスは再生エネルギー分野への投資にも積極的で、21年には7500億ルピー（1兆2000億円）を投じてジャムナガルに太陽光パネル、電解槽、燃料電池、電池を製造する4つの工場を建設する計画を発表している。

創業者ディルバイ・アンバニには息子が二人いたため、2002年7月にディルバイ・アンバニが亡くなった後、長男ムケシュ・アンバニと次男アニル・アンバニの二人が後を継ぐことになった。両者は経営権をめぐって対立し、母親の仲裁でグループの分割がなされた。兄ムケシュ・アンバニは石油化学を中心としたリライアンス・インダストリーズを引き継いだのに対し、弟アニルは金融、通信、電力、インフラ、メディアなどの新規事業を引き継ぎ、新たにリライアンス・ADA・グループを設立した。

兄ムケシュの率いるリライアンス・インダストリーズは、前述の垂直統合型ビジネスが大成功し、急成長を続けていった。2002年3月から21年3月までの20年間に、時価総額は年平均20・6％、年商は15・4％、純利益は16・3％、輸出は16・9％という驚異的な数字で伸び続けた。

弟のアニルの方も負けじとばかりにインフラ事業を中心に業容を拡大し、一時は兄と並んでフォーブスの世界長者番付ランクの上位10人に名を連ねた。しかし、その後過剰借り入れによる投資戦略が裏目に出たことや、兄ムケシュと携帯事業市場で競合して敗れたことなどから資金繰りに行き詰まり、結局破産するに至った。現在破産管財人の監督下で競売が進み、リライアンス・キャピタルの入札手続きも始まった。弟が破産したため、現在では「リライアンス」と言うと、兄ムケシュのリライアンス・インダストリーズだけを指すことが多い。

新規事業で失敗した弟アニルを尻目に、兄ムケシュは合繊と石油関連以外の新規事業の拡大にも乗り出して大成功した。それは小売と通信である。リライアンス・リテールはインド全土に店舗を展開し、2014年に収益ベースでインド最大の小売企業となった。eコマースのプラットフォームとして、日用品から食品まで幅広く扱うオンライン小売店ジオ・マートも開設している。

インド小売業協会によるとインドの小売市場は2025年には1兆3000億ドル（169兆円）になると見られている。コロナ禍の前まで、インドの小売市場の二大大手企業はリライアンスとフューチャー・グループであった。しかし20年8月にフューチャー・グループは資金不足に陥り、小売、卸売、物流、倉庫事業をリライアンスに34億ドル（4420億円）で売却した。競合する米アマゾンはインドに65億ドル（8450億円）の巨大投資を行っていたため、ライバル企業の統合を阻止しようとしたものの、インド証券取引所はこの取引を承認した。

ムケシュの先見性

ムケシュ・アンバニのビジネスは、常に時代の一歩先を読んで巨大投資をリスクをとって行い、市場を独占するというアグレッシブなスタイルである。ムケシュ・アンバニはインドで誰よりも早く「データは21世紀の石油である」と述べて、携帯ビジネスへの参入と巨額投資を行った。2010年にインフォテル・ブロードバンドを買収して携帯ビジネスに参入した後に、2016年9月にはリライアンス・ジオを設立した。ジオは、12社が第2世代携帯電話サービスでひしめき合っていた当時の業界に「第4世代で通話無料」という革新的なプランで参入し、瞬く間に4億人を超える加入者を有する国内最大のインターネット業者にのし上がった。2019年にはジオ・プラットフォームズを設立して、時価総額は10兆ルピー（16兆円）を超えた。

ムケシュ・アンバニ（ロイター/アフロ）

ジオ・プラットフォームズの成功を受け、コロナ禍の金融バブルの最中に、リライアンスは世界中から資金を集めることに成功した。それまで6兆ルピー（9兆6000億円）の巨額投資を行っていたリライアンスには3兆3600億ルピー（5兆3760億円）もの債務があったが、2020年4月に米フェイスブックがジオの企業価値の1割に相当する66億ドル（8580億円）の大型出資を行い、それに続いてグーグル、インテルといった米IT企業や中東の政府系ファンドも大型出資を行ったことで、その総投資受け入れ額は100億ドル（1兆3000億円）に及び、財務内容が大きく改善した。これを受けてリライアンスは、5G（第5世代移動通信システム）向け製品開発、WhatsApp（メッセンジャーアプリ）の決済サービスの組入、eコマースと国内の零細小売店のネットワーク構築といった領域に投資を行った。

２０２２年11月には、インドのソフトウェア大手ＨＣＬと組んで半導体製造へ進出するというニュースも報道された。リライアンスは米半導体大手インテルの出資も受けており、携帯事業で成功したリライアンスが半導体製造でも同じような成功を収められるか、注目されている。

１９５７年生まれのムケシュ・アンバニ会長は、双子の長男・長女と次男の３人に事業をバトンタッチしていくと最近発表している。リライアンス財閥のこれまでの急成長は初代ディルバイと2代目ムケシュの先見性によるところが大きかった。2代目への代替わりと分裂に際しては、兄と弟の仲違いからトップ次第で明暗が分かれるというインドの財閥によくある課題が浮き彫りとなった。リライアンス・インダストリーズに将来のリスクがあるとしたら、現時点では未知数である3代目の経営能力かもしれない。

インド経営大学院（ＩＩＭ）のある教授は学生に「リライアンスの株を買ってタタに就職しろ」と冗談半分に言ったとされる。従業員に対する扱いや社会貢献という点ではタタに大きく劣るリライアンスであるが、インドの将来に向けた投資では先行しており、新しい時代はリライアンスとともにあると言っても過言ではない。

ビルラ財閥

タタと並んで独立前からインド経済を担ってきたもう一つの古参の財閥に、ビルラ財閥がある。ビルラ財閥は、前述のマルワリ・コミュニティに属する伝統的財閥の中でも群を抜く存在で、第二次大戦前からインド経済に君臨してきた。シヴ・ナラヤン・ビルラは大英帝国の中国向けアヘン輸出で巨利を得て、その元手でビルラ一族は第一次大戦中に投機で利益を上げて繊維産業に進出し、その後は機械、自動車、化学、海運へとビジネスを広げていった。ビルラ財閥を飛躍させた3代目G・D・ビルラはまさに「政商」と呼ぶにふさわしく、マハトマ・ガンディーに財政的支援を与えていたことでも知られている。1948年に国父ガンディーが暗殺された場所も、彼が常時滞在していたとされるビルラ邸の庭であった。こうした政府との関係から、ビルラ財閥は独立後も国民会議派政権から多くの優遇措置を受け、独占的利益を上げ続けてきた。

1991年に始まった経済自由化は、ビルラ財閥にもこうした政商ビジネスから脱却することを迫った。「中興の祖」とも言えるのは、G・D・ビルラの孫アディトヤ・ビルラであった。米MITで化学を学んだアディトヤは、外資と提携するなどして国内での独占的地位を固める一方で、タイを始めとする東南アジアへ進出し、レーヨンの合繊ビジネスなどを拡大した。アディトヤ系列以外のビルラ財閥の企業はヒンドゥスタン・モーターズなど軒並み経営に行き詰まる中で、アディトヤが率いる本家と、彼の兄弟や従妹の分家との間には歴然とした差がついた。そのため、国際的に現在ビルラ財閥と言えば、このアディトヤ・ビルラ・グループを指すことが一般的である。

不幸なことに、アディトヤ・ビルラは1995年に52歳の若さで白血病のため亡くなった。そこで息子のクマール・マンガラム・ビルラが若くして後を継ぎ、事業の継承リスクを乗り切った。アディトヤ・ビルラ・グループの企業グループの時価総額は600億ドル（7兆800億円）に及び、従業員数は7万人を超す。ビルラ財閥もタタ財閥と同じように、創業家がグループ企業に資金を供給して経営を番頭に任せ、業績をモニタリングする経営形態をとっている。

アディトヤ・ビルラ・グループの中核を担っているのは、化学繊維のグラシム・インダストリーズと非鉄金属のヒンダルコである。インド最大のレーヨンのメーカーであるグラシムは、アジア最大規模のレーヨン生産設備を持ち、中でもビスコース繊維では世界シェアの4分の1を占めている。現在ではセメント事業の売上が全体の4割と繊維事業を上回っており、グラシムはインド最大のセメント生産規模を誇る。グラシム傘下にはABFRLというインド最大のアパレル企業もあり、ルイ・フィリップ、ヴァン・ハウゼンといったアパレルブランドを多数抱えている。ファッション小売のパンタルーンも経営し、こちらはラルフ・ローレン、フォーエバー21、リーボックなど海外のブランドと提携している。
ヒンダルコ（旧ヒンドゥスタン・アルミニウム）はアルミ圧延の世界最大手企業で、インド国内では6割の市場シェアを押さえている。2007年に60億ドル（7800億円）で北米アルミ圧延製品大手のノベリスを買収し、フォーチュン・グローバルリストの世界の大手500社（「フォーチュン500」）の仲間入りをした。18年には世界第6位の米同業アレリスも買収している。軽量化の必要性が強まる自動車向けなどの生産能力を拡大することによって、ヒンダルコは対中保護主義の台頭への布石も打っている。

長い間ビルラ財閥は、化繊、アルミニウム、セメントなど従来型ビジネスを中心に展開し、ITを始めとする新しいビジネスに手を出してこなかったが、その結果としてタタやリライアンスに比べて時価総額で差をつけられてきた。そこで2008年、ビルラは英携帯電話大手ボーダフォンのインド事業の株式の2割を買収して「ボーダフォン・イデア」のブランドで携帯電話ビジネスに参入した。当初このビジネスは当初は大きな期待が寄せられていたが、新たに参入してきたライバルのリライアンス・ジオとの価格競争に勝てず、その赤字がグループの足を引っ張っている。ムケシュ・アンバニの携帯事業との競争に勝てず赤字が拡大するという点においては、アニル・アンバニのビジネスと共通するところがあるが、アニルとは違ってビルラ財閥は従来型ビジネスで独占的地位を固めているだけに、将来は安泰である。

過去30年間で多くの古参の財閥が消えていったが、タタやリライアンスのような知名度や派手さはないものの、ビルラ財閥はインド経済を支える重要な役割をこれからも果たし続けていくであろう。

ゴータム・アダニ（ロイター/アフロ）

アダニ財閥

インドで近年最も注目されているのが、アダニ・グループである。創立は１９８８年と新しく、本拠地はグジャラート州アーメダバードである。アダニ・グループは港湾運営、発電、空港オペレーターなどのインフラ事業を手広く行っており、傘下の6社が上場している。アダニ・グループ全体の売上高はタタやリライアンスと比べると5分の1程度にすぎないが、その成長率は驚異的である。２０１４年から19年頃まで他の多くのインフラ企業は過剰投資で苦境に陥っていたが、新参のアダニはこの時期をチャンスと見て果敢な投資を行い、その後の大成功に結びついた。

インドの財閥はおしなべてオーナー家の持ち株比率が高い

が、アダニ・グループはそれが顕著である。コロナ禍でアダニ・グループ傘下の企業の株価はTCSやリライアンスを含む他のインド企業を大きく上回るスピードで軒並み急伸した。その結果、創業者のゴータム・アダニ会長の個人資産は、2022年に1000億ドル（13兆円）を上回り、一時はフォーブス世界長者番付で世界第3位に躍り出た。

ゴータム・アダニは大学を出ておらず、ダイヤモンドや繊維の個人貿易商としてキャリアをスタートさせた。最初期には、低品質のダイヤモンドを加工して、規模は小さいものの日本向けに輸出していた。彼の躍進の一大契機となったのは、グジャラート州の塩田から塩を輸送するためのムンドラ港の建設事業であった。アダニ・グループの傘下にあるムンドラ港は、民間企業が運営する港としては、インド最大の貨物取扱量を誇る。アダニはムンドラ港近くに経済特別区を開発して港の競争力を高め、日本のスズキのために大規模な自動車輸出ターミナルを用意した。インドの11の港湾を傘下に収めるゴータム・アダニは「港湾王」の異名をとる。

アダニ・グループは、空港事業でも先を行っている。アダニ・エアポートはムンバイ国際空港社の株式23・5%を保有する筆頭株主で、ムンバイ空港はアダニの傘下に入ってから経営が改善している。アダニはムンバイ以外にも、アーメダバード、ラクナウ、マンガロール、ジャイプール、グワハティ、ティルバナンタプラムの6つの空港事業を落札している。

アダニは、インド最大の民間発電会社でもある。1993年にインドでは石炭の輸入が自由化され、これを契機にアダニは石炭の輸入を拡大した。2010年には自身が運営するムンドラ港に石炭専用ターミナルを稼働させ、11年にはオーストラリアの石炭ターミナルを買収するとともに、ムンドラに4620メガワットの石炭火力発電所を建設した。当時の民間発電ビジネスではタタ・パワーなどの既存の大企業が先行していたが、大半は政府から国産石炭を廉価で割り当てられ、その代わりに電力を低い単価で州政府電力公社に供給する義務を負っていた。これに対し、アダニ・パワーのムンドラ発電所では輸入石炭を使用していたため、発電コストは高かったものの政府への電力供給義務がなく、その発電量の多くをインドのエネルギー取引所に販売して、高収益を上げることができた。

再生可能エネルギーのビジネスでもアダニは主導している。2020年にアダニ・グリーン・エナジー（AGEL）は、国営のインド太陽光発電公社（SECI）から太陽電池製造を含む太陽光発電事業の契約を獲得した。この契約によって、AGELは8ギガワットの太陽光発電施設を建設し、アダニ・ソーラーが2ギガワットの太陽電池とモジュールの製造能力体制を確立することとなった。世界最大規模となるこの契約によって、60億ドル（7800億円）の投資とともに40万人の雇用が創出され、稼働期間中900万トンの二酸化炭素が置き換えられることになるという。AGELによって稼働中（または建設中・契約中）の太陽光発電量は15ギガワットとなり、2025年までに世界最大の再生可能エネルギー事業者になる予定である。

世界的なクラウド事業の拡大とともに、アダニはデータセンターの建設でも先行している。アダニ・エンタープライズは、米国のグローバル・データセンター事業大手エッジコネクトと折半で合弁会社を設立し、チェンナイ、ナビ・ムンバイ、ノイダ、ビシャカパトナム、ハイデラバードなどにハイパー・データセンターを建設している。今後の伸びしろも大きいと思われる。

モディ首相との近さ

ゴータム・アダニがモディ首相とグジャラート州首相時代からの親しい関係にあることは、よく知られてきた。アダニ・グループが驚異的な成長を遂げたのは、2014年にモディ政権が発足してからで、インド政府が6つの空港を民営化する方針を決めた際も、入札条件を緩和して空港運営の経験がないアダニを有利に導いたとされる。

アダニは2022年に、インド最大の放映ネットワークを持ち、インターネットでの視聴率も高いメディア企業のNDTVを買収した。NDTVはこれまで反政府的な報道が多かったが、アダニのNDTV買収によって、モディ政権に好意的な報道姿勢に一変した。このように、インドが世界にコミットした地球温暖化目標の達成への協力からメディアまで、アダニはモディ首相にとってなくてはならない存在である。

コロナ禍で、インドの将来を担うアダニ・グループの株価はピーク時にはコロナ前の9倍近くにまで急上昇した。一方で、その高すぎる借入比率や株価収益率（PER）を指摘するアナリストもいた。2023年1月、アダニ・グループの25億ドル（3250億円）の公募増資が行われる直前に、米投資家でヒンデンブルグ・リサーチの創業者ネーサン・アンダーソンがアダニの事業拡大を「企業の歴史で最大の詐欺」として、空売りを仕掛けた。アダニ・グループはこれにいち早く反論した。インドの銀行は「アダニ・グループ向けの融資枠はまだ十分にある」とアダニをサポートした。しかし、金融市場の懸念は拭い去ることができず、アダニ・グループ各社の株価はわずか数日間で2割から4割も急落した。その後株価はやや戻して落ち着いており、アダニの危機はひとまず去ったようだ。

モディ首相に近いアダニの問題であることもあって、インド全体にとっても懸念材料ではあるが、モディ首相はこの件について沈黙している。いつの間にか追及する報道も少なくなった。アダニはインドのインフラ整備を担う重要な役割を担っているので、愛国主義的な観点で、アダニをサポートする保守派層も少なくない。株価急落後、アダニ・グループは借入金の早期返済など市場の信頼を得ることに注力しており、これまでのような急拡大は難しいと思われるものの、今後のインド経済を担う重要な存在であることに変わりはないであろう。

2　IT産業の飛躍

「世界のオフィス」インドのIT産業

インド経済の担い手として財閥に続く存在は、IT企業である。「インドと言えばIT」と言われるようになって久しく、中国が「世界の工場」であるとしたらインドは「世界のオフィス」である。コンピュータの「2000年問題」で脚光を浴びるようになったインドのIT産業は、その後も順調に成長し続けており、インドのIT産業およびIT関連産業がGDPに占める比率は2022年に7・4％となっている。

インドの「IT産業」は、顧客向けのソフトウェア開発や保守作業などを主体とするが、広い意味での「IT産業」には「IT関連産業」も含まれる。「IT関連作業」はコールセンターやデータ入力など、インターネットを媒介とした、あらゆるバックオフィス業務の委託を意味している。例えば欧米の銀行では、店頭で受け付けた顧客の取引データをインドのバックオフィスで処理しているし、欧米企業の消費者向けのコールセンターは24時間体制でインドにつながっていて、そこで働くインド人スタッフは米語の発音アクセントを叩き込まれているといった具合である。それ以外にも欧米の会計事務所や税理士事務所は、資格を必要としない細かい作業の多くをインドのバックオフィスに委託しているし、メディアはインドのスタッフにインターネットで調べ物をさせ、コンサルティング会社は顧客向けの資料の一部を作成させたりしている。

こうした業務はコールセンターのようなBPO（ビジネス・プロセス・アウトソーシング）と呼ばれるものから、会計などの専門知識が必要なKPO（ノリッジ・プロセス・アウトソーシング）まであり、KPOの知識レベルも近年上昇著しい。大手IT企業の幹部は「アウトソーシングできない仕事は減っていくであろう」と述べている。AI（人工知能）の進歩がこれらの仕事をインドから奪うという気配もなく、むしろAIが進化すればそれだけAIを開発する仕事も増えてくるであろうとインドでは見られている。

インドでIT産業が発展した理由はいくつかある。第一に、インド人自体の素養がソフトウェア開発に向いていた。その昔ゼロが発見されたのも、天才数学者ラマヌジャンを生んだのもインドであったことからわかるように、インド人は観念的なことに秀でていて、大量生産よりも一品生産を得意とし、自由でフレキシブルな仕事文化を好む。こういった才能がIT産業で一気に開花した。

第二に、インド政府が早くから高等教育を奨励して、優秀な人材が理工系へ進学する傾向にあったことが、多くのITエンジニアの輩出に結びついた。多言語国家のため、教育に英語が用いられ、知識層は英語が当たり前に話せるというのも幸いした。米国のバックオフィス業務委託の分野でインドが他国を圧倒している理由は、英語を話せる優秀な人材がこれだけ安価に大量に見つけられる国はほかにないからである。

第三に、インド政府のIT振興策も功を奏した。これまでインド人のビジネスマンの間では「政府に産業振興は期待していないが、少なくとも過剰な規制で邪魔することだけはしないでほしい」という意見も少なくなかった。1991年の経済自由化前には海外からのパソコンの輸入にかかる手続きの煩雑《はんざつ》さといった類の問題はあったにせよ、IT産業への税制優遇処置やソフトウェア・テクノロジーパークの設立などにおいて、政府が果たしてきた役割は評価に値する。99年にIT省を新たに設立した際も、他省庁のIT部門の人材を集めて「寄せ集め集団」を作るといったやり方をしなかった。

第四に、いたずらにハイテク技術を追うのではなく、安い労賃を活かしてローエンドの顧客向けソフト開発を行い輸出するIT企業の戦略も正しかった。インドのIT産業の研究開発費の支出は今日でも低いが、産業全体の売上の成長率は非常に高い。この点で、AIの最先端の研究も行っているアリババやテンセント、バイドゥのような中国企業とインドのTCSやインフォシスなどは異なる。優秀な人材をこれだけ大量に低コストで使える国はインド以外にないため、得意とするローエンドの下請でライバルがほぼいない状態を築いたのは正解であった。

第五に、米国との半日の時差も有利に働いた。米国の夜間にインドでデータ処理などの作業がなされていることが米国企業で重宝がられた。米国の夕方までにインドに依頼しておけば、朝には出来上がっているため、時間の無駄がないのである。

第六に、米国のIT業界にインド人が大量に働いており、彼らが米国企業とのパイプを強化し、米国のIT産業の仕事文化をインドに輸入したことも幸いした。2000年に森喜朗《もりよしろう》首相が訪問したことで知られるバンガロール（ベンガルール）のインフォシス本社は、米国の大学のキャンパスではないかと思わされるほど広々としていて垢抜《あかぬ》けている。

現在では、世界のソフトウェア輸出市場において、インドがカスタマイズ製品（既製の汎用ソフトウェアパッケージの一部を顧客の要望に合わせて作り変えること）の分野で占めるシェアは2割を超えており、IT産業はまさにインドの輸出の牽引車としての役割を担っている。

興味深いことに、日本の製造業と違ってインドのIT企業は国内市場で競争することなく、最初から海外市場へ出ている。インドIT産業は、世界的な不況の影響も受けにくい。不況になると、欧米の多くの企業が事務や業務の合理化のためにIT投資を行ったり、バックオフィスの一部をそのままインドへ移したりするからである。世界的にDX（デジタル・トランスフォーメーション）化が進む中で、インドのIT産業は今後も高度成長を続けていくであろう。

代表的な企業

インドの代表的なIT企業としては、財閥系ではTCS、非財閥系ではインフォシス、ウィプロ、HCLテクノロジーズなどがある。TCSはそもそもタタ財閥のビジネスコンサルティング企業であったが、早い段階でソフトウェア開発に乗り出して成功した。TCSは同業他社を大きく上回る成長を遂げており、その理由として、先に述べたように、トップを長年務めたチャンドラセカラン（現タタ・グループ会長）の存在が大きかった。TCSは日本でも三菱商事と合弁事業を行っていて、年商約700億円を上げるところまで成長している。

インフォシスはTCSに次ぐ業界二番手で、「インドのビル・ゲイツ」ことナラヤナ・ムルティが1981年に6人の仲間と250ドル（当時のレートで約5万5000円）の資金を出し合って、バンガロール（ベンガルール）に設立したのが起源である。彼が会社を設立した時、コンピュータ1台を輸入するのに膨大な手続きと時間がかかったエピソードは、よく知られている。その後先進国向けソフトウェア下請企業の先駆けとなり、現在では年商173億ドル（2兆2490億円）、時価総額714億ドル（9兆2820億円）の企業に成長した。

ちなみに英国のスナク首相の妻はこのナラヤナ・ムルティの娘であり、ふたりは米スタンフォード大学留学中に知り合った。

もうひとりの「インドのビル・ゲイツ」であるアジム・プレムジが率いるのは、ウィプロである。アジム・プレムジの父親は石鹼《せっけん》の製造販売を行っていたが（ウィプロとはウエスト・インディア・ベジタブル・プロダクツの略）、父親の急死にともない留学先のスタンフォード大学から戻ってきて、ソフトウェア輸出のビジネスに乗り出した。1999年には、アジム・プレムジはフォーブスの世界長者番付で第3位にランクされた。ウィプロはTCSやインフォシスほどの急成長はしていないものの、現在でも次に述べるHCLテクノロジーズに次いで業界第4位につけている。

HCLテクノロジーズは、インドの地場の大手コンピュータ製造会社が1991年にソフトウェア事業に参入したものである。売上高の約2割をエンジニアリング業務が占めているのを特徴とする。インドは伝統的に大規模プラント業務（石油やガスなど天然資源の採掘設備、上下水道処理場などの産業設備、メーカーの工場建設）に強く、そのインドでHCLはエンジニアリング業務とそれに付随するソフトウェア開発業務を一つの部門で担えるという強みを持っているため、近年では同業他社を凌《しの》ぐ成長を見せている。

インド版「IT革命」

インドIT企業のビジネスは、ビルラやリライアンス、アダニのように政府とのコネを足掛かりに手広くビジネスを広げていく財閥型のビジネスモデルとは一線を画する。彼らは賄賂には無縁で他業種に乗り出すことも少なく、主戦場は米国を中心とする先進国市場である。そのため、コーポレート・ガバナンス（企業統治）にもとりわけ敏感である。ナラヤナ・ムルティやアジム・プレムジなどのIT起業家は、シリコンバレーの起業家と同じように、社会への富の還元を目指してチャリティにも熱心である。例えばムルティは水害や地震などの災害時に被災地に多額の寄付を行ったり、インドの教育部門への支援を行ったりしているし、プレムジは私財のほとんどを社会に還元すると宣言している。インドの大手財閥では創業者一族が株の大半を握っていて、創業一族の息子が後継者となることが一般的だが、IT企業では創業者一族に後を継がせず、資産を社会に寄付することが多い。

「インドのビル・ゲイツ」ナラヤナ・ムルティやアジム・プレムジのこうした生き様は、後に続く若い世代に夢と希望を与え、彼らの意識を大きく変えた。頑張ってITエンジニアになれば、その所得や社会的地位は他の産業を大きく上回る。こうした社会の変容の中で「数学と英語を勉強して一流大学へ進学してITを学ぶことが、豊かになる第一の道だ」とばかり、中産階級の若い世代の間の勉強意欲が高まった。

人口が多く競争の激しいインドは、日本以上の学歴社会である。しかしそのインドでは、IT革命の前は海外で職を得ない限り高学歴者の収入確保の道が非常に限られていた。IT革命のお陰で、インドも「頭脳のよさと収入とが比例する」米国型の実力主義社会に仲間入りしたのである。

インドのIT企業の多くは、バンガロール（ベンガルール）に本社を構えている。その理由として、気候が温暖であることに加え、他の地域から入ってくる人たちに寛大で自由な空気があったこと、軍事産業が盛んであったため、科学技術の人材が蓄積していることなどがあった。これらの理由は米カリフォルニア州とも共通しており、バンガロールは「インドのシリコンバレー」として世界中に知られている。

インドのIT産業は、米国との外交関係の強化にも貢献した。今や米国のIT産業はインドの人材なしでは成り立たなくなっていることは周知の通りで、グーグルやマイクロソフトなどの米国の大手テック企業のトップもインド系である。米国におけるインド系住民の発言力も、後に述べるように強まっている。

インドのITは国の「イメージ」も刷新した。「IC」はシリコンバレーに多いインド・チャイナの略だと言われるようになって久しい。人一倍誇り高いインド人は「自分たちの優秀さが漸《ようや》く世界で認められた」と溜飲《りゅういん》を下げているに違いない。

急増したスタートアップ企業

ＩＴ革命の進展とともにスタートアップ企業も急増している。インドの所得水準が上がるとともに、米国に渡ったインド人ＩＴエンジニアが自国に戻ってきて起業することが増えつつある。２０２２年10月時点のユニコーン企業（未上場で評価額10億ドル〔１３００億円〕以上、創業10年以内のベンチャー企業）の数において、インドは71社と、米国（６４８社）と中国（１７４社）に続き、英国（49社）、ドイツ（29社）、日本（６社）を大きく上回っている。

２０１６年から19年末までに、インドのユニコーン企業の合計26社に３６０億ドル（４兆６８００億円）以上の資金が流入した。その後コロナ禍でリモートワークや業務デジタル化が加速度的に進み、ユニコーンの企業数はさらに増えた。中国が国内のＩＴ企業に対する規制を強化した結果、コロナ禍の金融バブルの時期に世界のベンチャーキャピタルの目が中国からインドに移ったことも幸いした。

インドの大卒の優秀な人材が、大企業ではなくスタートアップ企業に参画するケースも増えてきた。ＴＣＳやインフォシスなど既存の大企業が「低コスト」を武器に海外のソフトウェア開発の下請を行っているのに対し、これらのスタートアップ企業は、スマホアプリを活用したインド国内向けのサービス事業を展開し、初任給も高給を提示することが多い。こうしたスタートアップ企業に勤める方が、待遇だけでなく将来の夢も大きいと考える若いインド人が増えている。

インドの代表的なスタートアップ企業としては、Byju's（オンライン教育）、InMobi（オンライン・マーケティング）、OYO Rooms（ホテル）、Swiggy（フードデリバリー）、Ｏｌａ（配車アプリ）、ＰａｙＴＭ（オンライン・ペイメント）、ＺＯＭＡＴＯ（フードデリバリー）、フリップカート（オンライン・ショッピング）などがあげられる。これらの企業は、米国や中国のファンドや企業、ソフトバンク・グループのソフトバンク・ビジョン・ファンド（ＳＶＦ）などの出資などを受けている。

スタートアップ企業の中で、最も企業価値が大きいのはByju'sである。２０２２年７月の資金調達時の時価総額は３兆円規模となった。教育の盛んなインドで、同社は１億５０００万人の子供に教育サービスを提供している。創業者ビジュ・ラヴェンドランはＩＩＭ（インド経営大学院）の入試で全国トップの成績をとったほどの頭脳の持ち主だが、もともと自分の授業を動画配信していたのが人気となり、起業するに至った。Byju'sはグローバルな事業展開に向けて同業他社の買収も積極的に行っている。

もう一つのスタートアップの成功例として、フリップカートがある。人口大国インドのインターネット人口は世界の12％を占めているが、オンライン・ショッピングの利用者比率は

3割と、米国や中国の7割と比べて低く、将来の伸び代が大きい。2007年にビニー・バンサルらが創業したフリップカートは、地場の最大手企業でアマゾンと競合していたが、18年にアマゾンと競合する米小売大手ウォルマートがその株式の77%を取得した。出資額は160億ドル(2兆800億円)という驚異的な金額であった。2007年にインドに進出したウォルマートは、インドの外資規制の制約から会員制卸を小規模に展開するにとどまっていたが、フリップカートの買収で、オンラインでの事業拡大を目指した。

オンライン・ペイメント最大手のPayTMは、16年11月の高額紙幣廃止以来、インド人の生活インフラにまでなり、今ではインドの至るところで使われているのを見かける。この分野は中国ばかりに目が行くことが多いが、インドのデジタル・ペイメントの取引数は、欧米を上回り、全世界の4割を占める。

2022年の米国の利上げとそれに続く世界的株安は、米国と同様にインドのスタートアップ企業にとっても少なからぬ不安をもたらした。PayTMの株価も、上場日の最高値から1年間で約7割下落した。多くのスタートアップ企業が、黒字化への道を明確に示すことを求められてきている。インドのスタートアップ業界自体の将来性には疑問の余地がないものの、これからは将来性がある企業とない企業が、今まで以上に明確に選別されていくこととなろう。

3　医薬品から自動車まで

ＩＴに続く医薬品産業

ＩＴ産業に続いて注目されているのは、ジェネリック（後発薬）を主体とする医薬品産業である。２０２０年度のインドの医薬品の年間売り上げは４２３億ドル（５兆４９９０億円）に及んだ。これまでインドの製薬企業は、物質特許を認めず製法特許のみを認めるインドの特別な特許法の下で、欧米企業が開発した医薬品をインド国内で合法的に生産・販売して、国外に輸出してきた。しかし世界貿易機関（ＷＴＯ）がＴＲＩＰＳ協定に基づいて加盟国に物質特許を保護する法律を導入することを義務づけたのを受けて、05年にインド政府も、新しい特許法を導入した。そのため、物質特許が満了していない医薬品は、従来のように製造販売できなくなった。

インドの医薬品産業の売上は、年平均約11％増加していて、売上高で世界14位、生産高では世界3位にランクされている。インドは、ジェネリック医薬品にとりわけ比較優位を持っている。輸出比率は4割に及び、主な輸出先は米国、ロシア、ナイジェリア、英国、ドイツとなっている。ジェネリック医薬品は、欧米では全体に占める使用割合が医薬品の半分以上となっており、インドと欧米の結びつきが強い。

インドの大手の医薬品企業としては、シプラ、ドクター・レディ、サンファーマなどがあり、英国系のグラクソ・スミスクラインも売上上位にランクされている。それ以外にも、インドには2万以上の製薬業者が存在しており、製薬企業が300社程度の日本と比べて数は圧倒的に多い。これらの企業の中には、伝統的なアーユルヴェーダ療法などに用いられる薬品の製造業者も含まれている。上位10社で全体の3分の1の市場シェアを占めており、シプラ、サンファーマといった大手企業は、欧州を始めとする海外の医薬品企業を買収するなど活発な国際展開を図っている。インドの医薬品メーカーは地理的には西部のマハラシュトラ州とグジャラート州、南部のアンドラ・プラデシュ州に集中している。

インドの医薬品産業は、低価格の後発医薬品を低所得国の患者にもたらすという点で、国際的な貢献をしてきた。2001年にシプラは国境なき医師団に対して、エイズ治療用の3種類の混合薬を1人当たり年350ドル（4万5500円）で供与した。現在、国境なき医師団が30ヵ国以上の国々で治療している人々の9割近くがインド製の後発薬を用いている。後に述べるように、コロナ禍ではインドのワクチンが世界中に輸出されて、多くの人命を救った。

しかし、ワクチンはともかくとして、後発薬に関しては、先進国の多くの巨大企業がインド企業のビジネスモデルを歓迎していないことも事実である。エイズ薬にしてもそうであるが、膨大な研究開発費を投入して開発するからには、後発薬の輸出で国際価格が低下することは望ましくなく、それは今後のエイズ薬の研究開発に影響を及ぼしうる。インドの大手医薬品メーカーは、自社内に特許を専門とした弁護士を多数抱えており、知財の裁判で先進国の医薬品メーカーと常時争っている。

インドの医薬品産業における直接投資の受け入れは、伝統的にあまり多くなかった。先進国とは考え方の異なる特許法が長く定着していたため、欧米企業がインドへの進出に二の足を踏んできたことが大きな理由である。しかし、2005年の特許法改正を受けて、欧米の多国籍企業もインドでのビジネスを増やしてきており、研究開発コストの削減を狙ってインド企業との研究委託を始めとした業務提携も戦略的に進められている。

欧米の医薬品メーカーがインドでビジネスを行うメリットは、いくつかある。第一は、医薬品製造コストの安さである。インドの労働コストは先進国の6分の1程度であり、医薬品製造設備についても、機器や建設コストは先進国に比べると4割も下回る。

第二に、臨床試験やケミカル・サービスのコストも非常に安く抑えられる。生産コストの削減だけでなく研究開発費の増大を抑制するためにも、巨大な人口を背景とした臨床試験データ収集に優位性を持つインドは先進国企業にとって重要である。失うものの少ない貧困層は治験に積極的に参加してくれるし、彼らの多くが薬を飲んだことがないことも、治験において利点となっている。

第三に、インドは国際的な化学合成技術と品質管理技術を持っている。米食品医薬品局（FDA）が米国外で認知している医薬品製造工場の数はインドが最も多い。それに加えて、人材面の豊富さも挙げられる。インドでは化学を専攻した人材の数が米国の6倍に及ぶ。

最後に、他国にはない価値を提供できることもインドの強みである。インドの医薬品企業は研究から製造までを一貫して請け負う研究製造業務受託サービス（CRAMS）を強化している。米国では製造化の部分のみを、欧州では医薬中間体（原料から原薬になるまでの途中の化合物）のみを受託する企業が多く、インドのように一貫請負をする企業はない。

バイオ産業

バイオ産業も強く、その売上の半分以上は輸出向けである。IT企業がバンガロール（ベンガルール）を拠点にしていることが多いのに比べ、バイオ産業の中心地は同じく南部のハイデラバードである。バイオ産業は、バイオ医薬、バイオ関連サービス、バイオ・インフォマティクス、バイオ工業、バイオ農業からなっている。このうち売上が最も大きいのはバイオ医薬で、全体の4分の3を占めている。

インドのバイオ医薬品業界で最大の企業は、女性起業家のキラン・マズムダル・ショウが設立したバイオコンである。同社は、スタチン系薬剤や免疫抑制剤といった医薬品の製造から糖尿病などの慢性疾患の治療に使うバイオ医薬品の開発と生産を担っており、インドで研究開発支出額が大きい企業の一つである。

最近ではバイオ医薬だけでなく、バイオ関連サービスも盛んになってきている。世界的に研究開発費が高騰する中、欧米の多国籍企業はインドの人材を活用して治験を行っていることから、インドのバイオ関連サービスの売上の9割が輸出向けである。インドの優位性は英語、人口、人種の多様性などである。ただし「命の値段の安い」インドで、人権を軽視した医療実験を行うことに対する批判も一部で根強い。

バイオ・インフォーマティクスも盛んで、その7割が輸出されている。米サンマイクロによるデータ検索技術の開発、TCSによる新薬発見のためのソフト開発などがこの分野に含まれる。バイオ農業では、遺伝子組み換え作物の開発が行われており、インドでは遺伝子組み換え綿花が広まっている。

ワクチン製造大国

ジェネリックやバイオ医薬品以外に、インドが「ワクチン」の製造大国であることは、コロナ禍で世界的に知られるようになった。インド西部のプネを拠点とするセラム・インスティチュート・オブ・インディア（インド血清研究所）は、ワクチン製造数で世界最大の企業で、企業価値は日本円にして1兆円を超す非上場企業である。セラムの創設者は、「インドのワクチンの父」と呼ばれるサイラス・プーナワラ会長である。サイラス・プーナワラはパールシー（イランから移住したゾロアスター教徒）の移民の家に生まれ、家業である馬のブリーダーからワクチン製造企業へ転換して、大成功した。息子で2代目社長のアダル・プーナワラは、先進国の医薬品メーカーが採算上の理由で軽視してきた低価格帯ワクチンの生産規模を拡張し、現在では各種ワクチンを合わせて年産15億口を生産する世界最大のワクチン製造会社にまで、同社を育て上げた。

アダル・プーナワラは2020年5月、コロナウイルスが世界的に広まり始めた初期の時点で英アストラゼネカ社と交渉を行って製造契約を結び、ワクチンの認可が下りる前から巨大な生産設備を建設した。もしアストラゼネカのワクチン認可が下りなければ、200億円相当の損失が出るリスクをとったのである。オーナー経営者らしい迅速な意思決定であった。その後ゲイツ財団等の支援も受けて、大々的にコロナワクチンを生産している。

2021年2月にインド外務省は、セラム製のアストラゼネカのワクチンを用いて、本格的な「ワクチン外交」へ乗り出した。インドが国外に供与するワクチンがアストラゼネカの開発したもので、中国製ワクチンより信頼度が高かったため、インド政府はワクチン供与先として中国に対抗して南アジアの周辺国に優先してワクチンを供与した。こうしたインドのワクチン外交を中国は面白く思わず、中国政府の報道官は「市場には複数のワクチン候補が存在する。各国は自由にワクチンを選択できる。ワクチンに関して宿敵関係は言うまでもなく、質の悪い競争や対立はするべきでない」と発言した。

しかし、そのわずか3ヵ月後にはインド国内で第2波の感染拡大が深刻化し、世界最大のワクチン接種計画を立てワクチン外交に熱心であったインドは、自国向けのワクチン不足に遭遇することとなった。このことで、インドのワクチンを当てにしていたバングラデシュや英国などの国々の信用も失った。その後第2波が収まり、2021年10月から国連主導のワクチン供給プログラム「コバックス」の供給元として、インド産ワクチンの輸出が再開された。こうして、インドは「世界の薬局」としての名を広めることとなった。

一連のインド外務省のワクチン外交を支えたのは民間企業のセラムであったが、同社はインド政府から補助金を一切受けておらず、そればかりかインド政府がコスト割れの価格で買い取ることを強制しているため利益を上げにくかった。そのため同社はインドではなく英国に工場を作ることをコロナ禍において発表し、インド国内では物議を醸した。

セラムの製造する英アストラゼネカ製ワクチンは「コビシールド」のブランド名にてイン

ドで使用されるか、あるいはワクチン外交の一環として輸出されている。２０２１年末、セラムはアストラゼネカに加えて、米ノババックスともワクチン製造契約を結んだと発表した。ノババックスのワクチンは、セラムによって「コババックス」のブランド名にて製造販売される。セラムはワクチン製造下請企業であるだけでなく、治験においても存在感を示している。

インド政府の国内のワクチン接種は、セラムのアストラゼネカとインドの別のワクチン製造会社であるバーラト・バイオテックの独自開発ワクチンのいずれかが使われているが、生産設備を備えたセラムのワクチンが全体の9割を占めている。国連主導のワクチン供給プログラムの供給も、セラムが独占している。バーラト・バイオテックのワクチンは、治験がまだ終わっていない段階でインド政府の承認がなされており国内でも懸念されていたが、ワクチンとしての効果に問題はなかった。インドにはセラムとバーラト・バイオテック以外にも有力なワクチン製造企業がいくつかある。

２０２２年12月のゼロコロナ政策転換後の中国における感染急拡大は、中国産ワクチンの有効性の低さが原因の一つと言われている。日本の製薬会社としては第一三共が23年7月にようやく自社開発のワクチンの承認を得たことを考えると、ワクチンの下請製造だけでなく開発まで自力で行ったインドの国際的な比較優位は、特筆に値すると言えよう。

驚きのダイヤモンド加工業

ITや医薬品と並び、インドが国際競争力を持つもう一つの産業に、ダイヤモンド加工業がある。ダイヤモンド原石を輸入してカット・研磨して輸出するビジネスで、インドは圧倒的な地位を築いている。世界の研磨ダイヤモンド取引市場に占めるインドのシェアは、金額ベースで55%、数量ベースでは92%に及び、日本で流通するダイヤモンドの大半はインドで加工されて日本に輸入されたものである。東京の御徒町《おかちまち》では、多くのインド人宝石商が店舗を構えている。

インドはダイヤモンドの原石をUAE、ベルギー、ロシア、カナダ、アンゴラ、ボツワナ、ナミビアなどから輸入している。原石をカット・研磨したダイヤモンドの輸出先は米国、日本、香港、欧州などで、米国と日本向けで輸出の半分を占める。輸出だけでなく国内消費市場の規模も大きく、ダイヤモンドのインド国内での年間消費は、米国と日本に次ぐ世界第3位となっている。

世界のダイヤモンド産業は、南アフリカ発祥でロンドンに本社を置くユダヤ系のデビアス社の統制下にあり、このデビアス社が原石買い付け、研磨加工はイスラエルとインドの企業によって行われている。研磨加工におけるイスラエルとインドの棲《す》み分けは、前者が高品質のダイヤモンド、後者が中低級のダイヤモンドとなっている。

ダイヤモンドは5000年前、南インドのハイデラバード郊外にあるゴルコンダで発見され、17世紀まではインドが世界最大の産出国であった。しかし、インドのダイヤモンドの産出は徐々に枯渇し、1725年にブラジルでダイヤモンドの鉱床が発見され、1866年にはボツワナや南アフリカで大鉱床が発見されると、ダイヤモンド産出国としてのインドの地位は低下し、現在ではインドはもはや主要なダイヤモンド産出国ではなくなっている。

15世紀以来、世界のダイヤモンド取引を独占してきたのは、ユダヤ商人であった。しかし、1930〜40年代にグジャラート州パランプールのジャイナ教徒がベルギーのアントワープに送られ、それ以来インド人商人によるダイヤモンドの取引が増加してきた。インドのダイヤモンド加工業が急成長したのは戦後のことで、欧米の研磨業者がインドに目をつけ、欧米では工賃より安くて採算に合わない小粒で低品質の石を、インドの零細工場でカットし始めたことから始まった。1960年代にはグジャラート州スーラトでダイヤモンド加工業が起こり、ムンバイに近いこともあって盛んになっていった。ダイヤモンド加工業はグジャラート州だけで8割を占めており、残りはマハラシュトラ州にある。

インドのダイヤモンド加工は、輸入した原石を安価な労賃を武器に人海戦術で研磨加工するビジネスモデルで、経営を担っているのはグジャラート州出身のジャイナ教徒である。ジャイナ教徒は不殺生を貫く厳格なベジタリアンで、虫を殺せないため農業に従事できないところから、宝石ビジネス等に参入した。

インドのダイヤモンド加工業を営む家族は現在では400を超すが、その1割に満たない少数家族が総取引の8割を牛耳っている。彼らは信用商売を基本とし、口頭取引で巨額の売買を行っている。コミュニティの結束は固く、その実態は外部にあまり知られていない。こうしたところから、ダイヤモンド取引に携わるインドのジャイナ教徒をユダヤ人に喩える向きもある。

ダイヤモンドのカットと研磨に従事している職人は100万人以上に及び、4万ヵ所に加工の拠点がある。職人の大半はグジャラート州の特定地域から来ている非正規労働者である。ダイヤモンドのカット・研磨にITを導入することも進んでいて、インドの強みを最大限に活かしたビジネスとなっている。2022年2月のロシアのウクライナ侵攻後、欧米の制裁のためにダイヤモンド原石の輸入の3割を占めていたロシアからの輸入が滞り、非正規労働者の解雇が多くなっているものの、中低品質のダイヤモンド加工においてインドの競合国は見当たらず、今後も成長が続くと予想されている。

自動車・自動車部品

インドでビジネスを行う多くの日系企業にとって、最も重要と考えられているのは自動車産業である。2022年にインドの新車販売台数は425万台と日本の420万台を超え、インドは台数ベースで世界3位の自動車消費国となった。インドの一人当たりの自動車の販売台数は日本の10分の1で、平均単価も低いが、一人当たり3000ドルの所得水準を超えたあたりでその数が増加する傾向が世界的にあるだけに、将来の巨大市場としてのインドへの期待は大きい。

インドの国内自動車産業は、独立以来長年にわたって、政府の手厚い保護を受けてきた。1957年に英国からの技術移転をベースに製造されたヒンドゥスタン・モーターズの「アンバサダー」は、2014年に生産が中止されるまで、モデルチェンジをほとんど行わなかった。1964年にイタリアのフィアットからの技術移転で製造された「プレミア・パドミニ」も、2001年に生産中止になるまでモデルチェンジらしきものがなかった。海外からの輸入車には超高額の輸入関税が課せられたため、乗り心地も燃費も悪く、安全性も低いこれらの国産車を買うために、インド人は数年待たないといけなかった。こうして世界でもまれなクラシック・カーが長く生き延び、アンバサダーは世界で「走るシーラカンス」と呼ばれてきた。

しかし、1981年に日本の鈴木自動車工業（現スズキ）とインド政府の合弁による会社が設立され、82年から販売が開始されると、こうした事態は一変した。最初に投入されたのは日本では型遅れの「アルト」であったが、当時のインドでは最先端の車として瞬《また》く間に市場を席捲《せっけん》した。スズキがいち早くインドに進出したのは、日本でよく知られているように、鈴木修《すずきおさむ》社長（当時）の英断による。合弁相手の政府系企業マルチ・ウドヨグは、インディラ・ガンディーの次男サンジャイ・ガンディーによって設立された企業で、その経営を任されたインドの高官R・C・バルガバ現会長が合弁相手を探して世界中を回ったが、関心を示す外資企業は皆無であった。しかし、たまたま出張中の鈴木自動車の社員がそのニュースを見つけ、鈴木修社長が来日中のバルガバと面会し、トントン拍子に契約に至った。当時鈴木自動車は日本で弱小の自動車メーカーにすぎなかったが、鈴木修社長は世界のどこかで一番になろうと考えて、周囲の大反対を押し切って一人で決断した。

鈴木自動車の合併事業の大成功が明らかになると、1990年代後半には日本のトヨタ、ホンダに加えて、韓国の現代《ヒョンデ》自動車も参入してきた。2002年に外資企業に対する国産化義務や輸出義務の完全撤廃がなされると、さらに多くの外資企業が進出してきた。インドの自動車市場は乗用車市場が6割を占めるが、現在ではその乗用車の市場シェアの4割をスズキが占め、これに韓国の現代自動車や地場企業のタタ自動車、マヒンドラなどが続いている。小型車が主流で消費者が価格に敏感なインドでは、燃費と所有コストが非常に重視される。インドの自動車市場の発展には、経済成長にともなう所得の増加だけでなく、自動車ローンの普及も大きく貢献した。インドでは自動車ローンの普及率が7割を超えていて、貸倒れ比率も低い。

インドの自動車産業は基本的に内需志向だが、輸出も少しずつ増えている。とりわけ韓国の現代自動車は進出当初から世界向けの輸出拠点としてインドを位置づけ、沿岸都市チェンナイに生産拠点を設立している。インドでは乗用車以上に輸出比率が高いセグメントは商用車で、中・大型商用車の生産の3割が輸出されている。商用車の市場シェアの過半は、タタ自動車が占めている。

インドで販売されている自動車の多くは、従来燃料を使っている。これまでディーゼル車主体であったが、軽油の代金上昇とともに売上が減少し、ガソリン車が増えている。地球温暖化対策として、EVに対するインド政府の期待は大きく、現状ではシェアは小さいものの、先を見越した投資を地場企業は行っている。2023年6月には米テスラの現地生産の報道もなされている。

自動車部品産業は、インドが製造業やダイヤモンド加工と並んで、国際競争力を有する数少ない製造業の一つである。インドの自動車部品生産は毎年2ケタの伸びを示しており、輸出先は米国とＥＵで半分を占める。インド政府が独立以来進めてきた国産化優遇政策がここに来て実を結んだとも言えるが、インドで乗用車の使用年数が長く、アフターサービスの市場規模が大きいことも幸いした。

インド自動車部品工業会（ＡＣＭＡ）に加盟する企業数は、地場企業を中心に５００社を超え、日系企業も多く含まれている。これまで日本政府は、海外産業人材育成協会（ＡＯＴＳ）の職業訓練プログラムなどのスキームを通して、日系企業のインド人従業員の日本語教育をサポートしてきた。スズキやトヨタなどの日系企業も、自らの職業訓練学校を設立して職業訓練に努め、日本のモノ造りのノウハウを移転し、インドの自動車・自動車部品産業を支えてきた。

ＩＴ、医薬品、ダイヤモンドから自動車・自動車部品に至るまで、インドならではの強みを活かしたビジネスは、今後とも成長を続けていくであろう。

第4章　人口大国——若い人口構成、人材の宝庫

1　人口増加の内幕

インドの人口増加率の推移

インドは14億1200万（国連の報告書による2022年時点の推計）の人口を抱える人口大国である。1947年の独立当時に4億5000万であった人口は97年に10億を超し、その後も増え続けて、現在は独立時の人口の3倍強になっている（図4-1）。

2023年1月には、インドの人口がすでに中国を上回って世界最多となった可能性が大きいと世界的に報道された。インドの国勢調査は11年以来行われていないため、正確な人口統計の把握は難しいが、中国政府が22年末の人口が前年末より85万人減って14億1175万

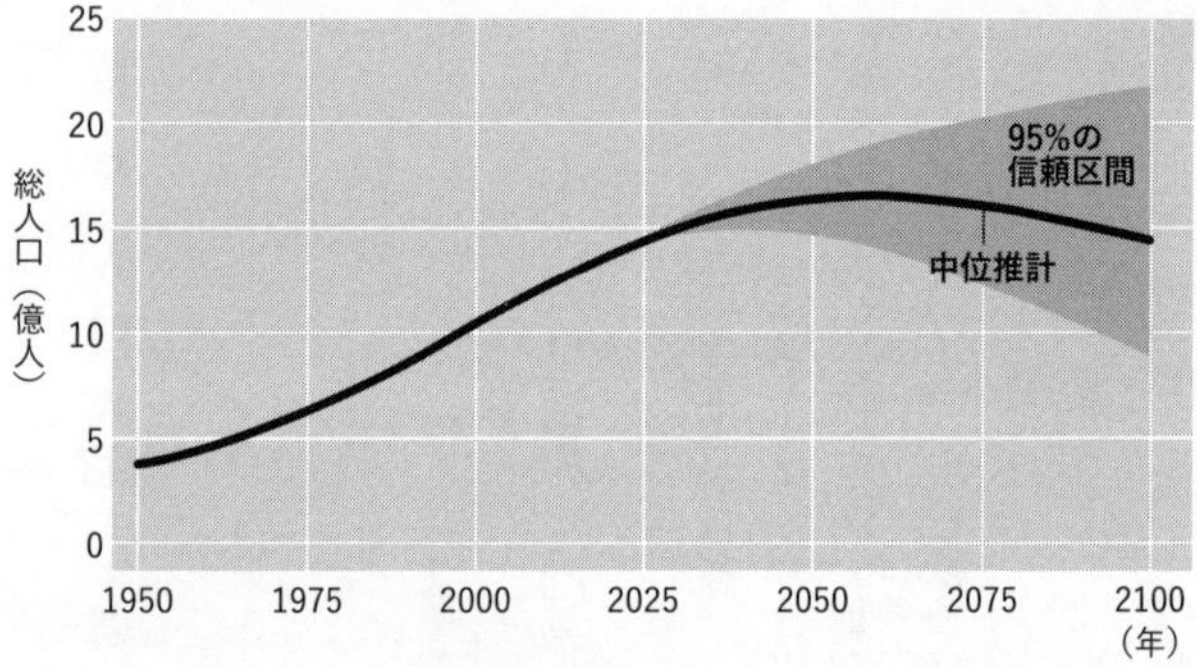

図4－1　インドの人口推移と予測
出典：国連事務局経済社会局（UNDESA 2019）

人になったと発表したことから、インドの人口が推計ベースで中国を上回っていると見られたのである。

国連が2022年に発表した報告書の予測によると、2050年にはインドの人口が16億6800万、中国の人口が13億1700万と、かなり大きな差がつく。同年の世界の総人口は97億人と推測されており、世界人口の5・8人に1人がインド人、7・4人に1人が中国人ということになる。国連の予測の中位推計によると、インドの人口は50年代後半に16億人強のピークを迎え、その後減少に転じて、2100年頃に約15億人に落ち着く見通しである。

このように、現在もインドの人口は増加し続けているが、人口の「増加率」はすでに減少に転じている。インド保健家族福祉省が2022年に公表した「全国家族健康調査（NFHS）」によると、インドの合計特殊出生率（1人の女性が生涯のうちに産む子供の数の平均）は2・0と、人口増減がない状態となる人口置換水準の2・06～2・07を下回った。NFHSによると、1992～93年、98～99年、2005～06年、15～16年、19～21年の合計特殊出生率は3・4、2・8、2・6、2・2、2・1、2・0と低下していたが、コロナ禍が一段落した22年に低下が落ち着いたと見られている。

人口動態は出生率、死亡率によって決まるが、一般に経済発展とともに死亡率の方が出生率より先に低下し始めるため、人口増加率はある時期まで増加してその後減少に転じる。インドの出生率（合計特殊出生率とは別で、その年に生まれた人数を全人口で割った1000人当たりの人数）は1960年に42・0、80年に36・2、2000年に26・4、20年に17・4と低下し続けており、1000人当たりの死亡率も1960年に22・2、80年に13・3、2000年に8・7、20年に7・3と低下している。出生率と死亡率の差が最も大きかったのは1980年代初頭で、この時期がインドの人口増加のピークであった。死亡率の低下とともに、平均寿命も60年41歳、80年54歳、2000年63歳、20年70歳と順調に伸び続けている。その結果、将来的にはインドでも高齢化の問題が生じることになると考えられるが、現状では問題視されていない。

「人口ボーナス期」と雇用問題

インドは若い国である。その人口の3人に1人は10歳から24歳の間にあり、人口ピラミッドは日本とは違う綺麗《きれい》なピラミッド型である（図4-2）。現在のインドは所謂《いわゆる》「人口ボーナス期」の真っ只中にあり、出生率の低下による生産年齢未満の若年人口比率低下とともに、従属人口（15歳未満の年少人口と65歳以上の老年人口の合計）の比率が減少して、15〜64歳の生産年齢人口比率が上昇している。

国連によると、今後30年間に世界の労働市場に参加してくる年齢層の22％がインド人であると予測される。2003年の「BRICsレポート」をきっかけにインド経済が注目されるようになった理由の一つにも、この若い人口構成があった。

国連の推計によると、2021年から41年の20年間に、インドの人口の2人に1人が労働人口となり、インドの「人口ボーナス期」は2040年代前半から後半まで続くが、40年代後半には「人口オーナス期」に入る。これは、40年代後半になって、ようやく生産年齢人口の従属人口に対する比率が減少に転じることを意味する。

日本や韓国、台湾、中国といった東アジア諸国が「人口ボーナス期」に高い経済成長率を実現できたのは、生産年齢人口に対して十分な雇用創出が、製造業を中心になされたことが大きい。この「人口ボーナス期」を東アジア諸国と同じように有効に活かすことは、インド

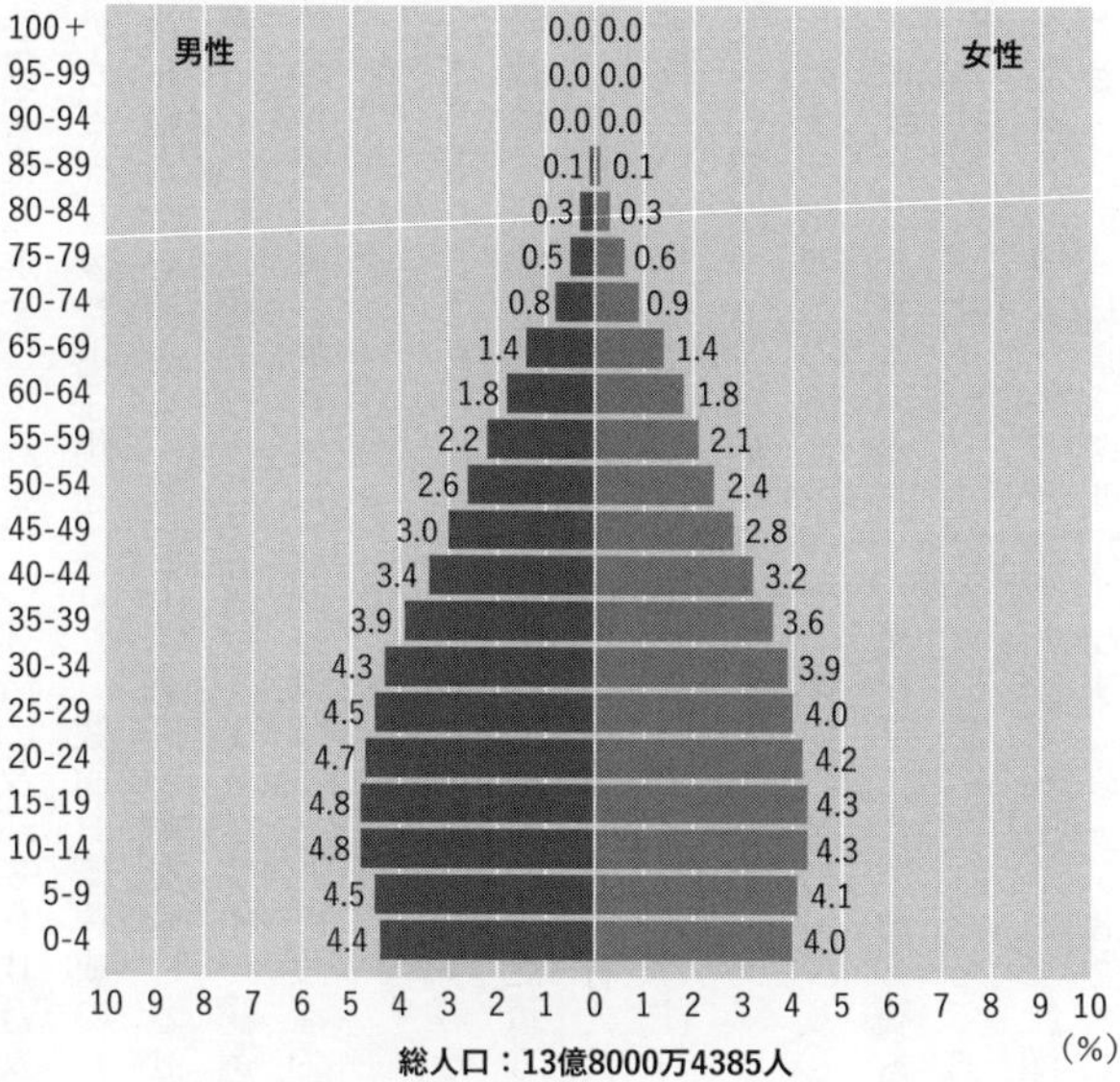

図４－２　インドの人口構成（2020年）
出典：インド政府保健家族福祉省（2022）

の経済発展にとってきわめて重要である。製造業はとりわけ雇用吸収力が大きいため、モディ首相が「メイク・イン・インディア」「自立したインド」と題して国内の製造業育成に力を入れているのも、そうした理由によるところが大きい。

人口抑制策

インドの人口抑制政策は１９５０年代から導入されてきたが、その道のりは平坦《へいたん》でなかった。１９７６年から77年、当時のインディラ・ガンディー首相と次男サンジャイ・ガンディーが強制的に避妊手術を推し進め、それまでの3倍に及ぶ８００万人が避妊手術を受け、うち６００万人の男性がパイプカット手術を受けた。数値目標達成のために当局にはノルマが課せられ、警官が貧しい人々を捕えて、強制的に避妊手術を受けさせることさえまかり通った。当然のことながら、これは国民の反感を買い、１９７７年の総選挙における与党の大敗にもつながった。その結果、直接的な人口抑制政策はインドの政治で触れられにくい、タブーに近い問題となった。

こうしたことから、インドでは人口を抑制するために避妊を推し進めるのではなく、女性の教育や保健政策といった間接的な効果にゆだねるやり方が一般的となった。成功例としては、１９７０年代のケララ州で、州政府が教育と公衆衛生に力を入れたことにより、出生率転換がいち早く始まった。ケララ州でとりわけ注目されるのは、女性の教育水準の高さで、女性の識字率９割は他の州を大きく上回る。

ケララ州のこの流れは、その後他の州にも波及していった。とりわけ南インドでは北インドに比べて教育水準が高く、農村部での医療の質も高いため、出生率を下げやすかった。これに比べて、北インドでは人口抑制が遅れがちであった。とりわけインド中部から東部にかけてのウッタル・プラデシュ州やビハール州では深刻で、多くの女性は教育らしい教育を受けないまま、法律で婚姻が認められている18歳になる前に、親の決めた男性と結婚することが多かった。しかし、今世紀に入ると北インドでも合計特殊出生率が置換水準を下回る州がいくつか出てきており、徐々にではあるが、教育の普及が人口抑制につながりつつある。

　女性教育の推進は、間接的に避妊具の使用比率上昇にも結びつく。インド政府の調べでは、避妊具を使う女性の比率は67％へと増加しており、この数字はバングラデシュやネパールやインドネシアにはまだ劣るものの、上昇傾向にある。女性の教育は児童婚の比率の減少にもつながり、それは合計特殊出生率の低下にも貢献している。

南インドで低い人口増加率

　インドのように巨大な国では、地域間、都市農村間、宗教間で、それぞれ人口増加率に違いがある。地域間格差を見ると、先に述べたように、北部や東部で人口増加率が高く、南部では低い。東部ビハール州では合計特殊出生率が3・2と最も高く、ウッタル・プラデシュ州、ジャルカンド州、メガラヤ州、マニプール州でも出生率が高く、マディヤ・プラデシュ州、ラジャスタン州などがそれに続いている。それに比べて南部5州では出生率が一様に低く、それ以外にもマハラシュトラ州、西ベンガル州、パンジャブ州、ヒマチャル・プラデシュ州、シッキム州、ナガランド州、トリプラ州など教育水準の高い州で出生率が低い。

　都市と農村の人口増加率格差も大きく、インドでは農村で生まれた人々が若いうちに都市に移住して、都市化の進展につながっている。最新のNFHSによると、インド都市部の合計特殊出生率の平均は1・6となっており、この数字は日本の沖縄県や宮崎県の数字を下回る。ただし、NFHSのこの調査が行われた調査の時期は、コロナ禍の不況とインドのロックダウンの措置があったため、それがどの程度影響を及ぼしているかはもう少し詳しい調査の必要があろう。

近年政治問題化しているのは、宗教間の出生率格差である。イスラム教徒の出生率はヒンドゥー教徒と比べて相対的に高く、このことがヒンドゥー教徒を支持母体とする与党BJPにとって、懸念材料となっている。2021年には、国会で人口抑制に関する4つの法案を審議することが提案された。その将来的な狙いは、一家族につき子供2人までとすることだった。表向きは人口増加の圧力を減らすことが目的だが、実際には、将来を見据えてイスラム教徒の人口比率の上昇を食い止めようという意図が感じられた。また、ウッタル・プラデシュ州やアッサム州で、「3人以上の子供がいる人には公務員の就職や昇進、州議会選挙における被選挙権を制限する」とした法制化の動きもあった。

2 人材の強み

豊富な高度人材

世界最大の人口大国インドの強みは、何といってもその豊富な高度人材である。インドには、1100を超す総合大学と4万3000以上の単科大学がある。高等教育機関で学ぶ人口は、2020年度で4140万人に及ぶ。

インドの高等教育制度は、初代首相ネルーの志のもと、理科系を柱として急速に整備されてきた。大学の数の増加とともに大学の「民主化」も進み、大学進学比率は現在では1割近くまで増加した。1990年代以降は民間の大学も増え、工学部を見ても60年には15％にすぎなかった民間の大学比率が、9割近くに増加した。当然のことながら、大学による卒業生の質のばらつきが、インドで問題となりつつある。

インドの大学生は、おしなべて真面目で勉強に前向きである。授業の出席率が75％に満たないと卒業試験を受けられない大学も多く、日本と違ってアルバイトに精を出す学生はほとんどいない。

インドは世界有数の理系人材の輩出国である。他の南アジア諸国と同様に理系重視が徹底しているインドでは、大学進学の段階で、優秀な人材の9割は理工系、特に工学部（と医学部）に進む。理系の中でも物理、数学といった自然科学は就職の観点から偏差値がやや下がり、最近人気が出てきたバイオ関連の学科がそれに続いている。

インド工科大学（IIT）は国内でトップクラスの高等教育機関である。現在では、インド全土に23のキャンパスを持っている。その中でも、デリー、ボンベイ（ムンバイ）、マドラス（チェンナイ）、カンプール、カラグプールのIIT5校は設立の時期も古く、最も入学が難しいとされる。全世界に多数のIIT卒業生がおり、米シリコンバレーで設立された企業のうち6割は、IITの卒業生が創設者やトップレベルの役職についているとも言われる。

IIT以外の超一流校には、インド経営大学院（IIM）、インド科学技術大学院（IISCバンガロール）、全インド医科大学（AIIMS）がある。このうちIITは学部教育が主体であるが、IIMやIISCは大学院大学である。経営大学院のIIMの学生も、大半は学部が理工系である。これらの大学は競争率が50倍を超す超難関である。日本のある予備校は、IITと東大理系の入試問題を比べて、「IITの方が難しい」と結論づけた。こういったインドの一流大学に入学することは、欧米の一流校に入ることよりも難しいと、インドではよく冗談半分に言われている。

IITのような超一流大学のトップクラスの学生は、学部を卒業すると同時に米国企業によって本社採用されることも少なくない。米国企業はこれらの一流校に青田買いに訪れ、米国本社に直接採用される卒業生の15万ドル（1950万円）を超す初任給が、毎年話題となっている。日本の大学では考えられないことである。インド政府はこれまで海外の大学のインドにおけるキャンパス設置を認可してこなかったが、最近イェール、スタンフォード、オックスフォードといった英米の大学がキャンパス設置を計画していると報道されている。

日本の科学技術・学術政策研究所（NISTEP）は、インドの高等教育における研究動向を調査した。被引用回数が上位1割に入る論文データベースを見ると、工学、数学、物理学の分野におけるインドの研究者の被引用回数が顕著である。工学分野の中でインドが特に強い分野は材料工学で、その応用分野の広さが理由の一つとされる。

航空工学も伝統的に強く、これは軍需産業とのかかわりによるところが大きい。IT革命が本格化する前には、最優秀なインド人大学生は卒業後、米ボーイング社やNASAなどで研究開発に携わった。NISTEPの調査によると、自然科学の分野では、核物理学におけるインドの研究者の存在感が増している。

バイオ関連では、「緑の革命」も可能にした農業化学に加え、薬理・毒性学における論文のシェアも伸びてきている。ITの強みを活かして、バイオ・インフォーマティクスの分野も強い。こうした学問分野でインドの大学は、先行研究のサーベイやデータの収集と分析などで人海戦術的な強みを活かしつつ、米国の大学の研究者と共同研究を進めている。日本と違い、米国の大学にインド人研究者が多いことも、こうした共同研究を容易なものとしている。

高等教育における課題

このように、最優秀の理系人材の水準が高いインドであるが、課題も多い。第一に、高等教育の急速な拡大にともなう質の低下がある。IITやIIMなどの超一流国立大学は高い教育水準を保っているものの、一部の公立大学の質が低下している。

第二に、国内の需要に対して、満足のいく水準の理工系学生が不足気味である。理系の大学生比率を飛躍的に増やしている中国と違い、インドの大学の理工系学生比率はあまり増えていない。理系の学生不足は大学院レベルにおいてより大きな課題である。なぜなら最優秀の理工系学生は欧米の大学院に進むため、インドの大学院へ進まない傾向が強い。大学院生が教授の研究をサポートするシステムも、十分にできていない。

第三に、学生の就職難の問題が広がっている。インドでは大学卒業生のうち4割近くが学歴を活かす職を見つけることができていないという報告もあり、とりわけコロナ禍では大きな社会問題となった。理系に比べて文系の学生の就職は一段と難しく、文科系の中でも経済や経営、法律の専攻であれば一般企業の就職はしやすく会計士や弁護士になれる可能性があるが、人文系となると、たとえ一流大卒であっても就職は容易でない。卒業した学部ではなく大学でランクが決められがちな日本と違い、就職に当たって競争が激しいインドでは専攻学部が重視されている。

第四に、インド政府内の教育の優先順位の低さも問題である。ある試算では、政府の高等教育向け支出額は、必要とされる水準の３割にすぎないという。政府の資金供与先にも偏りが見られ、85％の中央政府の資金が全学生の３％に向けられている。

教育が政治の道具となることも少なくない。政治的な理由から国公立大学で低カースト層向けに留保枠拡大の措置がとられ、留保枠以外の学生からは不公平だという不満が出ている。そのため、大学の規模自体を拡大する必要が生じており、ＩＩＴもいつの間にかキャンパスの数が23校まで増えた。

第五に、研究水準にも課題がある。優秀な人材の宝庫のインドだが、世界の大学ランキングでは、インドの大学のランクはおしなべて低い。これは、インドの国公立大学では教員の給与水準が政府によって規定されているため低く、研究費も少ないため、優秀な教員は海外の大学や国内の民間企業や研究所へとられてしまう結果である。そのためＩＩＴやＩＩＭといった一流校でさえ、採用基準と教員確保の両立に悩むこととなる。経済学の分野でも、トップ校デリー・スクール・オブ・エコノミクスでさえ、教員枠に欠員が見受けられている。

シンガポール、香港、中国の大学では、最優秀な人材に欧米並みの給与を保証することによって、米国のトップ校で博士号を取得した人材を採用する動きが増えてきているが、インドの大学ではそれが行われていない。インドの大学の学部を出た優秀な理工系学生で、欧米の大学に留学したインド人の大半は、留学先で職を得ている。彼らがインドに戻ってくるとしても、大学ではなく、IT企業や外資企業に就職するか、起業の道を選ぶことが一般的である。

第六に、産学協同が不足している。インドの地場企業は、おしなべて最先端の研究開発に前向きでない。TCSやインフォシスなど、地場のIT大手は基本的に欧米の下請業務に特化しているし、医薬品メーカーも後発薬の開発が主体であるため、新薬開発には積極的でない。中国では華為《ファーウェイ》、アリババ、テンセント、バイドゥなどのテック企業が巨大な研究開発投資を行っているのに対し、インドのIT企業の研究開発投資は微々たるものであり、大学との産学協同に結びついていない。インドを代表する化学者C・N・R・ラオ教授も、産学協同がインドの今後の課題であると常々指摘している。

世界で活躍する印僑

「印僑《いんきょう》」という言葉の定義は曖昧であるが、通常は「19世紀以降のインドからの海外移民」を指すことが多い。インド政府の公式の定義では「印僑」は（インド国籍を持つ）インド人非居住者（NRI：Non-Resident Indian）とインド以外の国籍を保有するインド系の在外居住者（PIO：People of Indian Origin）に二分されている。

1830年代以降、インド人は英領のモーリシャス、フィジーなどへ砂糖キビ栽培などの出稼ぎ労働者として渡り、1870年代以降は、ビルマ（ミャンマー）やマレーシア、セイロン（スリランカ）などにプランテーション労働者として大量に送り込まれた。1947年の独立後も、インドの移民は増えている。近年のインド人の海外移住者は、中東諸国などへ単純労働として渡るタイプと、米国へ知的労働者として渡るタイプに大きく分かれている。

インド人にとって最も望ましい留学先は、言うまでもなく米国である。2022年度に、インド人向けの米国の高校や大学で学ぶ学生ビザの発給数が約10万件となり、中国を上回ってインドは国別トップとなった。米国以外にも英国、オーストラリア、ニュージーランド、カナダ、シンガポールなどの英語圏諸国では、インド人留学生の比率がとりわけ高い。

全世界の印僑の正確な人数を数えることは容易でないものの、1世に限ると1500万人から2000万人、3世まで含めるとその数は3000万人に及ぶと言われている。4000万人とも6000万人とも言われる華僑には及ばないものの、大きな人数である。印僑の数を国別に見ると、1886年に英領インドに併合された歴史的経緯からミャンマーが最も多く、ネパールやパキスタン、バングラデシュといった南アジア諸国を除くと、米国、マレーシア、サウジアラビア、英国、南アフリカ、UAE、カナダの順になっている。ミャンマーにいる印僑には、先祖代々住民登録がされていないため、パスポートを所有できない人たちも多く、問題されている。

世界中に広がる印僑の成功者は、圧倒的に米国に多い。3世まで裾野《すその》を広げると、米国にはインド系住民が500万人近くいるとされている。その中でも最も成功している印僑には、ホットメールを作ったサビール・バティア、ペンティアムの発明者ヴィノード・ダム、サンマイクロ創業者のヴィノード・コスラ、アルファベット（グーグル）CEOのサンダー・ピチャイ、マイクロソフトCEOのサティア・ナデラ、アドビCEOのシャンタヌ・ナラヤンといった大物が目を引く。IT以外でも、シティグループの元CEOヴィクラム・パンディット、マッキンゼー元世界代表のラジャット・グプタ、ペプシコの女性元CEOインドラ・ノーイ、フェデックスCEOラジ・スブラマニアム、世界銀行の新総裁（元マスターカード会長）アジェイ・バンガなど枚挙にいとまがない。彼らは一様に、インドで生まれ育ってインドの大学で学んだ後に米国に渡って、キャリアを築いている。

こうした有名人以外にも、多くのインド人エリートが米国で高給を得て働いている。インド系移民のロビー団体も力を着実につけてきており、米議会内ではインド友好議員連盟の動きが活発である。2007年の米印原子力協定に向けた米国会における合意の取り付けは印僑の力が不可欠であったし、2023年6月のモディ首相の米議会での演説も、インド系議員の力があって実現したと言われている。インド系議員の政治家も育ってきており、カマラ・ハリス副大統領は、インド人の内分泌学者を母親に持つ。またニッキー・ヘイリー元国連大使やボビー・ジンダル元ルイジアナ州知事は若手ホープである。

米国の大学で教鞭をとるインド人研究者も多く、筆者の専門である経済学（と経営学）だけを見ても、ノーベル経済学賞を受賞したMIT教授のアビジット・バナジー、シカゴ大学ビジネススクール教授でインド準備銀行の総裁も務めたラグラム・ラジャン、ハーバード大学教授で国際通貨基金（IMF）の筆頭副専務理事の女性経済学者ギータ・ゴピナート、ハーバード大学ビジネススクール学長のスリカント・ダタールなど大御所が目立つ。

さらに最近では、米国だけでなく欧州でも、インド系の活躍が目立つようになってきた。英国のリシ・スナク首相は、1960年代に東アフリカから英国に移住したインド系の両親のもとで生まれ、オックスフォード大学やスタンフォード大学、ゴールドマン・サックス等を経て政界入りし、42歳の若さで頂点まで上り詰めた。2022年12月にアイルランドの首相に就任したバラッカーもインド系で、歴史的なつながりの深い両国で、そろってインド系のリーダーが誕生したとして話題になった。

欧州のビジネス人材としては、世界有数の製鉄企業アルセロール・ミッタルのラクシュミ・ミッタル、石油、金融、通信、商用車などのビジネスを展開するアショク・ヒンドゥージャ、篤志家スワラジ・ポール、銅精錬業のラージクマール・バグリ、英ボーダフォン元CEOアルン・サリン、仏シャネルCEOに初のアジア系女性として就任したレーナ・ナーイルなどが代表的存在である。この中でもラクシュミ・ミッタルは、マルワリ一族としてインドに生まれ、インドネシアに製鉄所を建設して成功した後、世界各地で経営難に陥っている製鉄会社の買収を繰り返し、2006年には英蘭企業のアルセロール製鉄と合併することで、当時世界一の製鉄会社を一代で築き上げた伝説的人物である。

欧州の大学では、経済学・経営学の分野だけを見ても、ノーベル経済学賞をアジア人として最初に受賞したアマルティア・セン（ケンブリッジ大学およびハーバード大学）やロンドン大学LSE名誉教授のメグナッド・デサイ、仏経営大学院INSEADとノースウエスタン大学ビジネススクールの学長を務めたディーパク・ジェイン教授などが目を引く。メグナッド・デサイはかつて労働党の「影の内閣」で閣僚にも任命されており、「ロード」の称号を得ている。

アフリカでは、ケニアやウガンダなどの東アフリカ諸国で、地元に根を張った印僑のファミリー・ビジネスが数多い。とりわけアフリカの印僑ビジネスは、南アフリカで、ジェイコブ・ズマ前大統領と深い関係を持っていたグプタ一族を抜きにして語れない。グプタ三兄弟は、南アフリカでアパルトヘイト政策が終わったことをビジネスチャンスと見て、グジャラート州から移り住み、南アフリカを代表する政商として、一時は同国のインフラビジネスなどを独占し、ズマ内閣の閣僚の任命まで口を出せるほどとなった。しかし、ズマ大統領の失脚とともに、ドバイに逃避を余儀なくされ、現在ではズマ大統領とグプタ一族に対する汚職調査が進んでいる。

華僑の勢力が強い東南アジアで大成功している印僑ビジネスはさほど多くないが、マレーシア有数の富豪で不動産、通信、メディア、電力などのビジネスを率いるアーナンダ・クリシュナンや、フィジーのハリ・プンジャなどがあげられる。そのほか、シンガポールでは、ラマナタン第６代大統領がインド系であったほか、多くの多国籍企業のアジア拠点がシンガポールにあることから、インド系移民のプロフェッショナル人材が目立ってきている。

日本では、現在約４万人のインド人が居住しているが、印僑の存在感は欧米に比べてずっと小さい。とはいえ、最近では特に首都圏を中心にインド人のＩＴ技術者の姿が目立ってきている。ソフトバンクやＳＢＩ新生銀行の幹部にはインド系が多く、メルカリや楽天もインドの優秀な人材を採用して登用に努めている。

世界に広がるインド人ネットワーク

世界中でインド人による起業が増えつつある中で、それをサポートする印僑ネットワークも拡大している。その代表的なものに、インダス・エンタープライズ（TiE）がある。TiEは1992年に米国シリコンバレーで創立された非営利組織で、企業家と専門家のネットワークを活かして、在外インド人のインドでの起業を支援している。米国ではインド人卒業生の多くがIT産業やアカデミアなどにそのまま残っており、彼らの留学生組織が広がり続けている。

こうしたエリート層ばかりに目が行きがちだが、中東へ労働者として出稼ぎに出るインド人も多い。彼らによるインド向け送金の額も急増しており、海外移民からの送金受取額においてインドは中国やメキシコ、フィリピンを抑えて世界のトップとなっており、全世界の移民送金総額の2割程度を占めている。世界の国際移民の半分が女性であるのに対して、インドではその社会的背景（第5章）から、大半が男性であることも特徴的である。

地域別に見ると、UAEなど中東諸国への出稼ぎ労働者が増加している。彼らの大半は、アラビア海に面したインド最南端のケララ州の出身である。ケララ州からの中東出稼ぎが多い理由としては、中東への地理的な近さ、歴史的にもスパイス貿易の拠点で海外とのつながりが多かったこと、州に産業が少なかったことなどが挙げられる。彼らの出稼ぎ送金はインドの海外送金受け入れの2割を占め、ケララ州政府の財政支出の倍に及ぶ。ケララ州では出稼ぎ労働者のいる家庭とそうでない家庭の差が目立ち、子供の教育支出だけを比べても前者は3割多いとも言われる。

1991年の経済改革以降、NRI（在外インド人）に対する優遇政策により、印僑によるインドへの直接投資も増加している。対印直接投資に占める印僑の割合は15%から20%に及ぶという推計もあるが、モーリシャスなどのタックス・ヘイブンを経由することも多いため、実態は把握しにくい。印僑の海外での資産はインドの国家予算を凌ぐとも言われ、こうした印僑の財力を活用するために、彼らを対象にしたインフラ基金も設立されている。世界的な印僑の成功に目をつけ、インド政府もインド人労働者をより戦略的に海外に送り出すとともに、在外インド人にもより積極的に働きかける方向で動いている。2004年には在外インド人の保護と彼らが祖国にもたらす利益最大化を目的に、在外インド人担当省が設立された。世界レベルの印僑会議「PBD：プラヴァシ・バーラティィヤ・ディヴァス（在外インド人世界大会）」も毎年行われ、世界各国の著名な印僑を表彰している。

世界に広がるヨガ

文化の面でもインドは人材豊富である。欧米では東洋の精神文化に憧れる人たちが少なく、古くはインドの宗教家スワミ・ヴィヴェーカナンダが米国で有名になり、1960年代後半にはビートルズのインド滞在が、世界中に大きく報道された。最近ではシリコンバレーを中心にマインドフルネスがブームとなり、インドのヨガや瞑想《めいそう》の人気が世界的に高まっている。

モディ首相は、インドで始まり世界中に広まったヨガを2016年にユネスコ無形文化遺産に登録し、インドの「ソフトパワー」として使うことを本格的に始めた。自らも毎日早朝ヨガを行っているモディ首相は、6月21日を国連の「国際ヨガの日」として定め、毎年この日に各国で一大イベントが行われている。

インドのヨガは、元来エクササイズのような肉体的なものではなく、ヒンドゥー教に根差した精神的なものであった。インドは過去に、スワミ・ヴィヴェーカナンダ、スワミ・チンマヤナンダ、スワミ・プラブパーダ、オーロビンド・ゴーシュなどの精神的指導者を輩出している。中でもヴィヴェーカナンダは西ベンガル州の宗教家ラーマクリシュナに弟子として仕え、1893年にシカゴで開かれた万国宗教会議で行った講演で大喝采を浴び、その後米国にしばらくとどまって、同時代の日本の岡倉天心《おかくらてんしん》と同じように活躍した。スワミ・ヴィヴェーカナンダは現在でもインド人の間で尊敬の対象となっており、このことは安倍晋三《あべしんぞう》首相がインドの国会で行った演説で彼の名を引用したことや、在日インド大使館のホールに彼の名が冠されていることからも明らかである。

インドのヨガはこうした精神的なものであり、今日一般的な肉体的ヨガが世界に広まったのは、B・K・S・アイアンガーが戦後、著名ヴァイオリニストのメニューインによって英国に紹介されたのが一つの契機であった。メニューインは1952年に知り合ったアイアンガーがロンドン、パリ、ベルンなどにヨガ・センターを設立するのを支援した。その後ヨガはエクササイズの一環として世界中に広まっていった。

1960年代から70年代にかけて、ベトナム反戦運動の広がりとともに「ニューエイジ」と称して、スピリチュアルなインドの指導者が米国の若者の心をとらえた。とりわけビートルズが68年にインドの聖地リシケシにヨガの修行に行ったことは、世界中の若者に大きな影響を与えた。同じ頃、スティーブ・ジョブズはアップルを創業する前に、バクティヴェーダンタ・スワミ・プラブパーダが創設したISKCONの寺院に入り浸っていた。81年に米国に渡ってオレゴン州に5000人の住民を抱えた巨大コミューンを設立したラジニーシは、米国で一時代を築いた。その後ラジニーシは地域住民との軋轢《あつれき》から米国を追放されたが、OSHO（彼のセカンド・ネーム）の著作は日本の自己啓発本のごとく、インドの書店でいまだに数多く並んでいる。

今世紀に入ると、現代人に健康をもたらすという形の新しいヨガ・ビジネスが、インドでも広がってきた。シュリ・シュリ・ラビ・シャンカールとサドグル・ジャッギー・ヴァースデーブはその代表例で、インドで広い支持者を集めている。彼らは宗教的な面やスピリチュアルな側面を強調せず、インドの中間層や知識層の仕事や家庭での悩みに機知に富んだアドバイスを与え、瞑想やヨガをビジネスとして展開している。この二人はいずれもモディ政権で叙勲の栄誉に浴している。

近年インドのヨガ指導者としてビジネスで最も成功したのは、ババ・ラムデブである。2006年に聖地ハリドワールで創業したパタンジャリ・アーユルヴェーダ社は、国内最大の消費財ブランドの一つに成長し、伝統医学に根差した薬草クリームやサプリメントからインスタント・ヌードルまで消費財を幅広く扱う巨大企業となっている。

日本では、1990年代の半ばに二度目のヨガブームがあった際、超能力を有するとしてサティヤ・サイババが日本で有名となった。サイババは世界的にスピリチュアル・リーダーとして有名であるが、インドでは新興宗教であるがゆえのカルト的な印象は持たれていない。2011年の死去に際しては、マザー・テレサと同じように国葬となり、世界中から人々が集まった。

サティヤ・サイババは自らを「シルディ・サイババの生まれ変わり」と称しているが、インドの一般人の間では、「初代」サイババ、すなわちシルディ・サイババの方がむしろ有名である。100年ほど前に亡くなったシルディ・サイババは、ヒンドゥー教徒でありながらイスラム教にも理解があったとされる。今日のインドで彼は広く尊敬されており、その肖像画は至るところに普通に見られる。

日本では、１９９５年のオウム真理教による地下鉄サリン事件で風評被害を受けて、ヨガブームは下火となった。しかし、今世紀に入ると世界的なヨガブームが日本に伝わり、ヨガスクールが各地に開かれるとともに、日本のヨガ人口は２０００年代半ばの30万人から１００万人以上に急増した。日本の多くのヨガスクールは、米国から輸入されたスタイルを教えており、インドらしさは感じさせない。しかし、モディ首相の「国際ヨガの日」のイベントの宣伝効果もあって、様々なイベントを通して「ヨガ発祥の地インド」という考えも浸透しつつある。最近では、健康志向の高まりとともにヨガだけでなく、インドの伝統治療アーユルヴェーダも広まりつつあり、インドのソフトパワーは世界に影響を与え続けている。

ＩＴからヨガに至るまで、世界第一の人口大国で人材の宝庫であるインドの影響は、印僑のネットワークのさらなる拡大とともに、今後とも世界に広がり続けていくであろう。

第5章　成長の陰に――貧困と格差、環境

1　政策による貧困層圧迫

高額紙幣廃止の衝撃

新たな経済大国としての地位を固めつつあるインドだが、貧困と格差の問題は依然として深刻である。独立以来、貧困削減を目標としてきた代々の国民会議派の政権は経済のパイを大きくすることができず、貧困層の全体に占める比率は下がってもその絶対数を大きく下げることはできなかった。2014年に首相に就任したモディ首相は「2025年にGDP5兆ドル（650兆円）」という野心的目標をスローガンに掲げたものの、コロナ禍の影響もあって青写真通りの成果は上げるに至っていない。

モディ政権下で経済成長率が伸び悩んだ主な原因としては、2011年頃から低下していた投資比率、16年11月の高額紙幣廃止、17年7月の税制改革、そして新型コロナウイルス感染拡大抑制のための厳しいロックダウンなど、複数の要因が重なったと考えられる。中でも最も衝撃的だったのは、高額紙幣廃止措置であった。16年11月8日、モディ首相は「これまで流通していた500ルピー（800円）札と1000ルピー（1600円）札の紙幣を廃止し、新しくデザインされた500ルピー札と2000ルピー（3200円）札に切り替える」と全国民に向けて唐突に発表した。この措置の結果、次の日から銀行の窓口やATMに長蛇の行列ができ、現金取引が主体のインドは国中が大混乱に陥った。

インドでは、汚職などで得た現金や不正な土地売買などで得た現金を銀行に預けず、自宅に隠しておくことが一般的であった。高額紙幣廃止措置の本来の目的は、こうしたタンス預金を炙《あぶ》り出して銀行に預金させることで、ブラック・エコノミーを根絶し、同時に、預金不足で低迷が続く銀行貸出を伸ばして、デジタル・エコノミー化を推進することであった。

しかし実際には、タンス預金されていたブラック・マネーのほとんどは新紙幣へ交換され、効果は限定的であった。現金を旧札から新札に交換するための正当な理由がなくても、裏金と引き換えに交換に応じた銀行のマネージャーが各地で逮捕されたが、氷山の一角にすぎなかった。また日雇い労働者を銀行窓口に並ばせて、手数料を払って新札への交換にこぎつけるなど、裏金を保有していた富裕層は抜け目がなかった。

あまりにも唐突であっただけに、政府やインド準備銀行の用意も不足していた。国中が大混乱の中で、新札を潤沢に用意してから切り替えるべきではなかったか、500ルピー札は新札に切り替える必要がなかったのではないか、農村向けの特例を設けるべきではなかったか、といった様々な批判が相次いだ。しかし意外にも、モディ首相個人に対する国民の不満は少なく、銀行のATMの前に毎日長時間並ぶインドの国民の忍耐強さが目立った。その4ヵ月後に行われたウッタル・プラデシュ州の選挙では、与党BJPが大勝するという予想外の結果となった。

高額紙幣廃止措置は、その後のインド経済に悪影響を及ぼした。2017年から19年にかけて世界経済は持ち直し、多くの国々で景気回復の局面にあったが、インドはその恩恵にあやかれなかった。貧困層は経済的痛手から立ち直ることができず、これまで裏金を使った土地買収などの取引に慣れていた富裕層は取引を縮小した。汚職がなくなることは望ましいことであるが、「水清くして魚住まず」の喩え通り、インド経済の減速は明らかとなった。

2017年7月に物品・サービス税（GST）を導入したことも、経済の失速につながった。各州で異なる税率があるため、複雑すぎた税制を簡素化するという点で、GSTの導入自体は望ましかった。しかしその実施方法に問題があり、手続きも煩雑すぎて中小企業や個人事業主の対応が難しく、彼らのビジネスの縮小につながった。

不景気のため失業率が増加し、2017年度の公式統計では、インドの失業率は過去45年間で最も高い6・1%となった。この数字を問題視したと思われるインド政府は、その後公式データの発表を中止した。

政府系調査機関のCMIEのサンプルデータをもとにした推計によると、コロナ禍で失業率は2倍近くに増加した。米シンクタンクのピュー研究所の推計によると、2021年初めと比べて2500万人が失業して、7500万人が貧困層に加わった。とりわけ若年層の失業問題が深刻で、人口の3割がいわゆるニートであるという推計もなされている。

医療設備の不足

ノーベル経済学賞を受賞したアマルティア・セン教授も強調しているように、インドでは教育や保健分野での政府の取り組みが不足している。とりわけ保健行政の遅れは目に余る。インド政府の保健分野向け支出は対GDP比で1・5%台にすぎず、この数字はマレーシア（4・2%）、中国（6・0%）、タイ（4・1%）、フィリピン（4・7%）、インドネシア（2・8%）、ナイジェリア（3・7%）、スリランカ（3・5%）を大きく下回る。

政府の保健支出の少なさは、医療設備の不足に直結する。インドの1人当たりの医者数は人口１０００人当たり０・６人と目標の１人を下回っており、ベッド数で見ても人口１０００人当たり０・７床と低い。医大の数は６５４校と必要な医師を確保するための数を２割も下回り、看護師の数も２５００人当たり１人に過ぎず、この数字は先進国の１５０から２００人当たり１人の10分の１にも満たない。

インドでは公的医療機関は無料で受診できるものの、その供給がきわめて不足しているため、多くの国民はお金を払ってでも民間の医療機関で受診している。公的医療保険制度の対象が狭い上、民間医療保険が発達していないため、医療費に占める自己負担割合が高い。２００４年から14年までの間、農村部における１人当たりの保健医療支出は年率で平均10・１％のペースで上昇し、都市部でも同じ期間に年率10・７％で増加してきた。全体の保健医療支出の約７割が家計による保健医療支出となっており、６３００万人が医療支出のために債務を抱えているとされる。

インド全土で導入されている医療保険制度は、公務員を対象とする中央政府医療制度（ＣＧＨＳ）、一部の民間企業の従業員を対象とした従業員州保険制度（ＥＳＩＳ）、そして貧困層が政府支援を受けて民間保険に加入できる国家健康保険制度（ＲＳＢＹ）がある。ただし、これらの保険制度の対象となる人口は限られている。富裕層や中間層は、民間の個人医療保険に加入するか、雇用主が福利厚生制度として導入する団体保険に入ることができるが、多くのインド国民は民間の医療保険に入るだけの金銭的余裕がなく、無保険のことが多い。そのためインドの健康保険加入率は、全人口の2割程度にとどまっている。

こうした問題に対応して、モディ首相は2018年から「モディケア」と名づけられた大型国民保険プログラムを導入した。このモディケアによって、最大で1億の家計、つまり5億人が年間に50万ルピー（80万円）を限度とする健康保険の対象になるという。しかし野党は「モディケアは基本的に既存の保険プログラムを拡張したにすぎない」と批判している。

コロナ禍の医療破綻

インドの弱点とも言える脆弱《ぜいじゃく》な医療保健体制を狙い撃ちしたかのように、新型コロナウイルスは突然訪れた。インドの感染拡大第1波のピークは2020年9月、第2波のピークは21年5月であった（図5-1）。第1波では長期間の厳しいロックダウンの影響もあって、経済に大きな影響が出た。インドでは、労働人口の8割に当たる4億5000万人が行商や露天商や臨時雇いなどのインフォーマル部門の仕事についており、その多くは収入源を失った。20年3月25日に唐突に始められた全土ロックダウンでは、出稼ぎ先で即日解雇されて、仕事だけでなく住居も失った出稼ぎ労働者の多くが、数日間かけて徒歩で故郷へ帰る羽目となった。この様子はインターネットメディアで報道されて、社会問題となった。

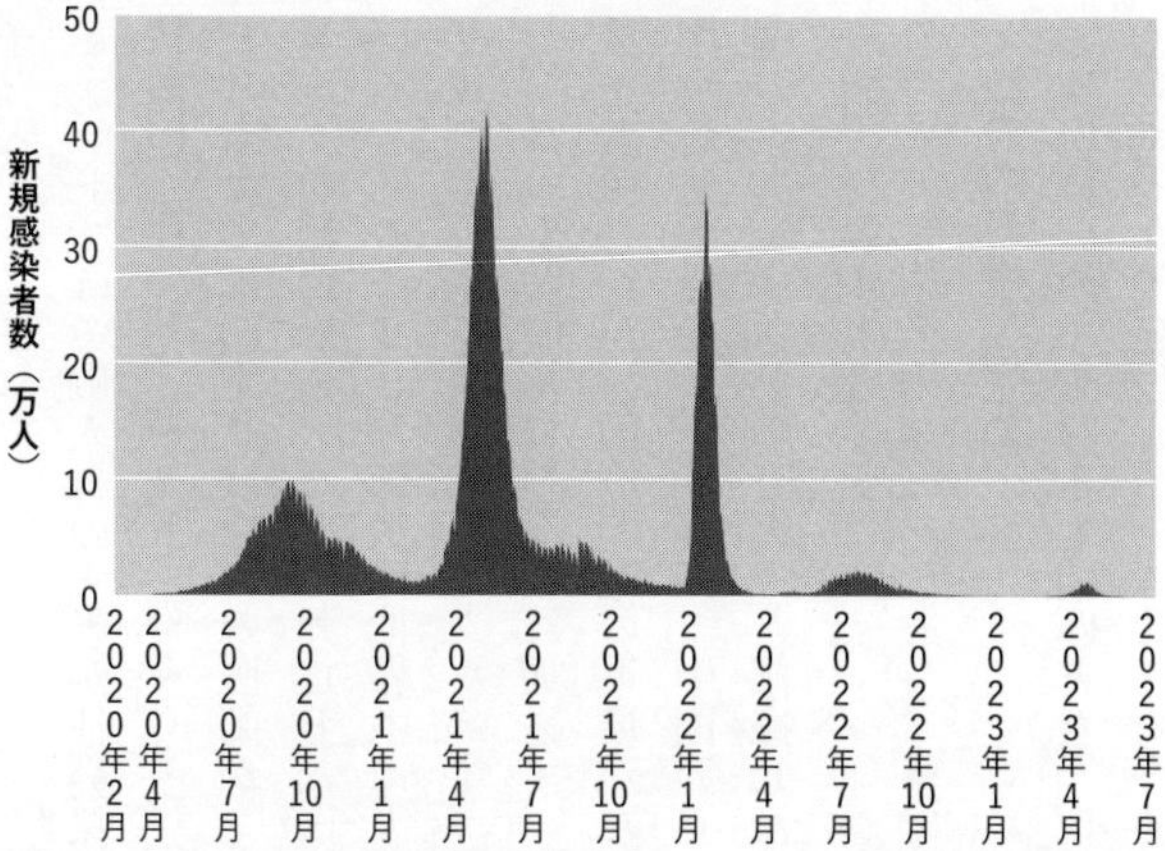

図5－1　インドにおける新型コロナウイルス感染症の患者数推移
出典：インド政府保健家族福祉省

第２波では二重変異ウイルス（デルタ株）が蔓延し、第１波をはるかに上回る患者が病院に溢《あふ》れて、酸素不足も深刻になる事態となった。２０２１年３月には新規感染者が指数関数的に増え、４月後半からは１日当たり新規感染者数世界最多記録の更新が続き、５月にはピークを迎えた。各地の病院で、酸素補給の遅れによる重症患者の死亡が数多く発生した。

ここまで深刻化したのは、酸素工場の場所や輸送ネットワークの問題から医療用酸素が必要なタイミングで病院に届かなかったことが一つの原因であった。感染の急拡大を受けて各地で病床や医薬品、酸素、人工呼吸器などが不足し、病院の付近に救急車が立ち往生する様子、酸素ボンベの闇市《やみいち》に並ぶ人々の様子、死体の処理が間に合わず、公園に火葬場を設けて対応する様子などが報道された。

インドでは労働人口の大半が社会保障の対象から外れたインフォーマル・セクター（非組織部門）に属しており、このことも事態を深刻にした。インド医師会によれば、2021年5月末までに約1200人の医師がコロナ感染で死亡した。それまでに医師の6割以上がワクチンを接種していたが、死亡した医師のほとんどは接種していなかった。

インドのこうした惨状は世界中に大きく報道され、米国や欧州諸国、カナダ、オーストラリア、ニュージーランド、クウェート、UAE、サウジアラビア、ロシアなどが支援を行った。日本も医療物資の支援に加えて、緊急無償支援を提供した。中国も同様にインドへの支援を表明したが、国境問題の進展がないため、インド政府は拒否した。その後中国共産党の中央政法委員会は、SNSで中国のロケット打ち上げとインドの火葬場の写真を並べて「中国の点火vs.インドの点火」と揶揄《やゆ》したが、さすがにこれは中国国内のSNSでも反感を買い、削除する羽目に追い込まれた。

政府の対策への批判

政府統計の不十分さも問題となった。コロナに感染した貧困層はそもそも病院にたどり着く手段もなく死亡していることも多く、病院で死亡した場合でも合併症で死亡した場合の扱いなどから、十分なカウントができなかった。統計の専門家は、感染者や死者の本当の数は政府の公表した数字の5倍から10倍に及ぶであろうと指摘した。インドのインターネットメディアは、火葬場に運ばれる遺体の数を数えて、死者の急増を内外に向けて報道した。医療設備に対する不安から、インドの在留邦人も大挙して一時帰国を余儀なくされた。

感染第2波とともに、モディ首相への批判も一時高まった。第1波後に勝利宣言を早急に行って国民の油断を招き、州選挙を前にインド各地で大集会を開き、ヒンドゥー教の大祭「クンブ・メーラ」も断行させたことに対して、SNS上で非難が広がった。第1波の際には突然実施されたロックダウンにより仕事も帰郷の手段も失った出稼ぎ労働者が苦境に遭遇したことで批判を浴びたため、モディ首相は感染第2波ではロックダウンに慎重な姿勢を示さざるを得ず、その結果感染症はさらに広がった。

唐突にやってきた第2波は6月に入ると収まりの気配を見せ、抗体を持つ人口が増えたこともあって、ようやく落ち着いた。他国ではリーダーがコロナ禍で退陣に追い込まれるケースが相次いだが、モディ首相は就任以来最大の危機を乗り切った。

現在、インドの累計感染者数は、米国に次いで世界第2位、死亡者数では米国とブラジルに次ぐ世界第3位となっている。これは人口比率で見ると、日本よりは高いものの、他の多くの国より低い。しかしながら、インドにおける新型コロナウイルスの感染拡大は、貧しい労働者の生活実態や劣悪な医療環境など、インドの抱える問題を浮き彫りにした。

2　深刻な格差

資産格差と所得格差

「世界不平等報告書2022年版」によると、インドは世界でも最も貧富の格差が著しい国の一つである。同報告書は、その著作『21世紀の資本』が世界的ベストセラーとなったフランス人経済学者トマ・ピケティ教授らのグループが毎年発表している。

インドでは、貧困ラインの1日1・9ドル（247円。購買力平価ベース）以下で生活する人口が、2015年時点で1億7000万人に達し、17年には世界銀行が「極貧」と定義する世界の人口6億8900万人のうち20・2％に当たる1億3900万人がインド人であった。この比率は、世界の総人口にインドの総人口が占める比率17・8％を上回っている。

その後コロナ禍に見舞われたインドでは、貧困層が甚大な影響を受けた一方で、世界的なカネ余りを反映して、資産10億ドル（1300億円）以上を所有するインドの億万長者の数は1年間で102人から140人に増え、彼らの資産の総計は約6000億ドル（78兆円）にまで膨れ上がった。過去30年間のタイムスパンで見ると、経済自由化が始まった1991

表５-１　インドにおける資産格差の推移（各集団が国の資産全体の何%を占めているか）

年	上位1%	上位10%	中位40%	下位50%
1961	11.9	43.2	44.5	12.3
1971	11.2	42.3	46.0	11.8
1981	12.5	45.0	44.1	10.9
1991	16.1	50.5	40.7	8.8
2002	24.4	55.6	36.3	8.2
2012	30.7	62.8	30.8	6.4
2020	42.5	74.3	22.9	2.8

出典：World Inequality Report 2021

表５-２　資産格差の国際比較（2022年。各集団が国の資産全体の何%を占めているか）

国名	上位1%	上位10%	中位40%	下位50%
インド	33.0	64.6	29.5	5.9
日本	24.5	57.8	36.5	5.8
米国	34.9	70.7	27.8	1.5
中国	30.5	67.8	25.8	6.4

出典：World Inequality Report 2022

表５-３　インドにおける所得格差の推移（各集団が国の所得全体の何%を占めているか）

年	上位1%	上位10%	中位40%	下位50%
1961	13.0	37.2	42.6	21.2
1971	11.7	34.4	44.0	22.8
1981	6.9	30.7	47.1	23.5
1991	10.4	34.1	44.9	22.2
2002	17.1	42.1	39.2	19.7
2012	21.7	55.0	30.5	15.1
2019	21.7	56.1	29.7	14.7

出典：World Inequality Report 2021

表５-４　所得格差の国際比較（2022年。各集団が国の所得全体の何%を占めているか）

国名	上位1%	上位10%	中位40%	下位50%
インド	21.7	57.1	29.7	13.1
日本	13.1	44.9	38.3	16.8
米国	18.8	45.5	41.2	13.3
中国	14.0	41.7	44.0	14.4

出典：World Inequality Report 2022

年を境に上位層への富の集中が加速しており、2020年には上位1％が全体の42・5％の富を保有する状態になっている（表5-1）。

前述の報告書の「世界不平等データベース」によると、インドの上位1％への「資産」の集中度は3割を超え、日本や中国を上回り米国に迫っている（表5-2）。ただし上位1％ではなく上位10％への資産の集中度で見ると、インドの数字は中国を下回る。このことは、インドではまだ中間層が育っていない一方で、財閥のオーナーなど一握りの超富裕層に資産が集中していることを示唆している。

資産ではなく「所得」における不平等の推移を見てみると、資産格差よりは相対的に小さいことがわかる。資産と所得のそれぞれにおける上位1％への集中について2012年と19年の数字を比べてみると、資産と比べて所得の集中は進んでいない（表5-3）。世界的に資産の格差は所得の格差よりも大きいことが一般的であるが、インドも同様である。

所得の集中について国家間で比較してみると、2019年時点でインドの上位1％の富裕層への集中の度合いは2割と、米国や中国を上回る世界トップクラスにある。他方、下位50％の層が得る所得の比率を比べると、インドの比率は米国や中国とほぼ同じ水準となっている（表5-4）。

農業の低い生産性と債務問題

インドの貧困層の多くは、農村に居住している。全労働人口の46％が農業で働いているのにもかかわらず、農業のGDPに占める比率は16％にすぎないことからもわかるように、インドの農業の生産性はきわめて低い。

インドは国土全体の半分強を占める1億8000万ヘクタールの農地面積を有していて、これは米国に次ぐ世界第2位の規模である。作付面積の24％をコメ、14％を小麦が占めており、農産物生産量では、コメ、小麦、紅茶、サトウキビの生産高が、いずれも世界2位となっている。1960年代半ばに旱魃《かんばつ》による大飢饉《ききん》があった後、「緑の革命」による高収量品種の導入や化学肥料の大量投入で、コメや小麦の生産性が向上し、食糧の大量増産と自給自足がほぼ達成された。現在インドは世界第二の小麦輸出国、世界第一のコメ輸出国となっているが、その生産性の低さから農家の所得は低い。加えて、「緑の革命」が定着した北西部のパンジャブ州やハリヤナ州と、それ以外の州の間で地域間格差も生じている。

インド政府は国内の食糧安定供給を優先するため、国内の生産が減少した場合や国際価格が高騰した場合に、輸出を禁止する傾向がある。2022年5月には小麦、23年7月にはコメ（バスマティ米以外）の輸出を禁止したことは、世界の小麦やコメの市場価格に影響を与えただけでなく、インドの農家の所得増加を阻害している。こうした頻繁な輸出規制は、農家のインセンティブにも影響する。

コメや小麦以外でも、農業技術の進歩はインドに変化をもたらした。1970年代からは「白い革命」と称する酪農《らくのう》技術の進歩のお陰で、インドは世界一のミルク産出国となった。2002年に米モンサントが持ち込んだ遺伝子組み換え綿花の普及は、インドの綿花の収穫を拡大させた。しかし一方で、この新しい綿花の種子を購入するための行き過ぎた商業借入れは、インドの農民の間に自殺急増をもたらし、10年頃には大きな社会問題となった。

中国とインドを比較すると、耕地面積ではインドが中国より4割多いにもかかわらず、農業生産額では4割少ない。単純に比較はできないものの、インドの土地当たりの生産性は中国と比べ6割低い計算になる。部門別に見ると、園芸作物を除いた食糧作物の生産性が停滞していて、コメと小麦を比べると、コメの生産性の停滞が目立っている。小麦は作付面積と灌漑率の両方が増加しているのに対して、コメは作付面積が増加しておらず、生産性の差が拡大している。

インドの農業の生産性の低さは、政府が灌漑《かんがい》設備や農村道路などを整備するために投資するのではなく、電気や水、肥料などへの補助金ばかりを支給してきたことに起因するところが大きい。農村金融機関の不良債権増加も問題で、村の有力者への不適切な融資などからその多くが機能不全に陥った。

2004年から10年間続いたマンモハン・シン前政権では、特にその後半において大規模な農村貧困対策が打たれた。2005年9月には全国農村雇用保障法（NREGA）が成立し、農村の灌漑整備などの小規模な公共事業を行うに当たり、一定所得を下回る貧困層を雇用して給料を払うというスキームが施行された。NREGAは、モディ政権下でも受け継がれているが、その規模はむしろ縮小しているという指摘もある。

マンモハン・シン政権の貧困対策のもう一つの柱は、インド版「徳政令」であった。2008年には全国の農民を対象に、政府系銀行からの債務を帳消しにするという大規模な試みが開始された。NREGAのような補助金プログラムと違い、債務帳消しは中間搾取がないという長所がある一方、財政赤字の拡大の懸念とモラル・ハザードの観点から好ましくないとして、多くの経済学者が異を唱えた。

農民の債務帳消し策は、手続き的にも煩雑を極めた。農民の金融機関からの融資は、種子や肥料を購入するといった農業に関係するものだけでなく、結婚式の資金から家財道具やオートバイの購入など、多岐にわたっており、それらを目的別に整理して、農業関連のものだけを債務帳消しにする実務手続きを完了させるだけで、3年かかることも珍しくなかった。

債務帳消しによって、公平性の問題も生じた。最貧困層は政府系の金融機関ではなくインフォーマル・セクターから融資を受けているか、そもそも家族以外から融資を受けられていないことが多い。そのため、公的金融機関からの債務帳消し策では最貧困層をカバーできない、といった問題が明らかとなった。さらに悪いことには、大規模なNREGAや債務帳消し策を行った結果、インドの財政状況は悪化し、インフレの高進が深刻になっていった。

アドハー・ナンバー

2014年に発足したモディ政権は、前政権のようないわばポピュリズム的な手法によるのではなく、農家の所得水準を上げるための農村道路や灌漑設備の整備を重点的に行っている。その結果、農村道路やコールドチェーン、灌漑設備などの整備はかなり進んだ。

民主主義国家のインドでは、貧困層も1票を持っているため、選挙が近くなると与野党間のバラマキ合戦が本格化する。2019年の総選挙の前には、モディ政権もPM-KISANと呼ばれるスキーム導入を発表した。その内容は、所有耕地面積が2ヘクタール以下の農家に年間総額6000ルピー（9600円）の補助金を3回に分けて口座に送金するものであった。しかし、恩恵にあやかれるのが土地を所有している農民に限られており、前政権の時のような大規模なバラマキとはなっていない。

補助金増加に歯止めをかけるだけでなく、モディ首相は、その中間搾取に歯止めをかけることに努めた。それまでは多くの人々が銀行口座を持っていなかったため、下級官僚や農村の有力者等による政府補助金の違法な中間搾取が蔓延して社会問題化していたが、インド版マイナンバーとも言うべき「アドハー・ナンバー」とその個人証明IDカード（身分証明書）を活用し、全国民に銀行口座を開設させて、補助金を直接振り込んだ結果、これまで横行していた中間搾取が半減した。

「アドハー・ナンバー」プロジェクト自体は前政権時代の２００９年に導入されたもので、IT大国インドの面目躍如となっている。システム構築を主導したのは、インド固有識別番号庁（ＵＩＤＡＩ）のナンダン・ニレカニ初代長官である。ニレカニ長官は大手IT企業インフォシスの創業者のひとりである。この制度では、生体認証システムを用いて生体情報を登録すると、12ケタの固有IDが発行され、IDカードには氏名、性別、生年月日、州籍、既婚・未婚、本籍地と現住所、職業、顔写真、指紋などが明記される。この固有識別番号は、選挙から補助金支給まで様々な行政で実際に活用され、ほとんどのインド国民が番号を取得しており、在外インド人（ＮＲＩ）やインド在住の外国人も取得することが可能である。

モディ首相はさらに、農産物流通の自由化や農業部門への民間資本導入を狙って農産物流通促進法を含む、新しい農業関連法の施行を試みた。これまでインドの農民は原則として、州政府管轄の公設市場「マンディィ」にしか農作物を販売できなかった。これに対して、新しい農業法では農民が州外の市場やスーパー、食品会社などの民間企業にも自由に販売できるようにした。しかし、農業が「産業化」することによる変化を恐れる穀倉地帯のパンジャブ州の農村の1年以上にわたる抗議活動によって、法律は結局廃止に追い込まれた。農業を活性化して農村を豊かにすることは、多すぎる国内の出稼ぎ労働者の数を減らすことにもつながる。インドでは、農業で食べていけなくなった農民が、都市部の建設現場などに出稼ぎに出ることが多い。経済成長をより包括的なものとするためには、農村の開発は欠かせない。モディ政権の新しい農業関連法が撤廃に追い込まれたことに対して、インドの農業の物流改善に貢献することが期待されていただけに、多くの経済学者の間で失望の声が聞かれた。

今後のモディ政権の農業政策の課題としては、「公的分配システム（PDS）」による消費者向けセーフティネットの拡充や「最低支持価格（MSP）」による農家の所得補償に関する十分な議論、農村金融の拡充や生産性向上のための農民向け研修の充実など、ハードインフラにとどまらないソフト面での政策対応が挙げられる。

深刻な男女間格差

男女間格差は、インド社会で深刻な問題である。その背景にはインドにおける伝統的な男児選好があり、理由の一つには「ダウリー制度」の慣習がある。ダウリーとは、結婚に際して新婦側の家族から新郎側の家族へ金品を送る慣習で、その金額はしばしば年収の1年から2年分に相当する。伝統的なインドの村では、持参金が少ないと婚家先で虐待されることも少なくない。1961年の法律でダウリーは禁止されたにもかかわらず、こうした女性の被害は数多く報告されている。そのため、女性が生まれた家では、生まれたその日から将来の結婚に備えて貯蓄に勤《いそ》しむこととなる。

近年ではインドが豊かになるとともに、要求される金品の水準も上がり、負担はますます大きくなっている。そのため、女児の妊娠がわかると中絶するケースも増えている。妊娠した際に病院で性別を告げることを政府は禁止したが、商才に長《た》けた民間病院は、妊娠を告げる紙の色で生まれてくる子供の性別を暗黙に伝えるといった「サービス」を提供することによって、これに対抗した。

インド政府の統計によると、2011年時点の出生時の男女比は男性1000人に対し女性943人と、女性の方がかなり少なくなっている。これだけ格差のある国は世界的にも珍しい。ノーベル経済学者のアマルティア・セン教授は、30年前から「失われた女性たち」という言葉を用いて警鐘を鳴らしてきた。

女性への性暴力も深刻な社会問題である。2021年の政府統計によると、インドでは年間に確認されただけで3万1677件のレイプ事件が起きている。1日当たり87件、1時間当たり3人以上の被害者が出ている計算だが、こうして報告されているのは氷山の一角である。レイプ被害の9割が家族や知人等によるもので、とりわけカーストの低い層の女性が性犯罪の標的になりやすい。

デリーやムンバイなどの大都市では、日が暮れてから女性が家族同伴なしに歩いているのを見かけることが非常に少ない。バスでの移動も不安視されており、そのためIT関連のバックオフィス業務では夜番に女性をあてがうことが困難となっている。

2012年12月に起きたデリーのレイプ殺害事件は、世界中に大きな衝撃を与えた。この事件では、女子学生が男性の友人と市営バスに乗った際、運転手を含む男6人からレイプされ、暴力を受けた末に道路に投げ出され、国内での治療の後にシンガポールの病院に運ばれて治療されたものの命を落とすこととなった。あまりにも酷《ひど》い犯罪に業を煮やしたデモが全土で巻き起こり、その後レイプ犯罪には死刑の適用が可能となった。

女性の社会進出の遅れ

インドでは女性の社会進出も遅れている。このことは、世界経済フォーラム（WEF）の「世界ジェンダー・ギャップ報告書2023」で、インドの順位が世界146ヵ国中127位となっていることからも明らかである。1990年時点でインドの総労働人口の10・6％

が女性であったが、30年経っても18・3％にしか増加していない。

　女性の政治参加も遅れている。１９９２年の憲法改正で地方議会の議員や首長の一部について女性に対して議席等の３分の１を留保しなければならないと定めたものの、連邦議会議員選挙に適用する動きはなく、インドの議員の大半が現実には男性である。女性枠を満たすために、男性の首長が自分の妻や家政婦を形の上だけの「女性首長」に据えて、実権は自分が握っていることも多い。

　カースト問題や貧富の格差など、様々な格差が至るところに存在しているインドでは、ジェンダー問題の優先順位が政治的に上がりにくい。選挙における女性の投票は一家の大黒柱である男性の指示に従うことが多く、政治家にとってジェンダー問題で票を得ることは難しい。モディ政権はそうした中において、女性起業の振興に向けた「スタンドアップ・インディア」スキームを実施しているほか、女子乳幼児の保護と教育の促進政策のための「ベティ・バチャオ、ベティ・パダオ（少女を救おう、少女を教育しよう）」と名づけられた政策などを推進している。２０２３年のインド独立記念日の演説でも、モディ首相は「女性が主導する開発」の重要性を唱えた。

　国内の社会問題に対する他国の干渉を嫌うインドでは、女性差別解消を直接の目的とした援助案件は政府の「要請」として挙がりにくい。そのため、女性が借り手の大半であるマイクロファイナンス（貧困層や低所得者を対象にした小規模金融サービス）のように、間接的な女性のエンパワーメント支援案件に限られがちである。

インドの女性のエンパワーメントに向けたマイクロファイナンスの代表的な成功例は、SEWA（自営女性労働者協会）である。SEWAはもともと1972年グジャラート州で働く最下層の女性のために設立された労働組合で、自らを「労働運動と協同組合運動と女性運動を合わせた3つの合体運動」と位置づけている。事業内容は金融、保健衛生、保育ケア、住宅援助、法的支援、社会保障、研修など多岐にわたる。

SEWAでとりわけ重要なのは、金融事業である。SEWA銀行は零細自営業を営む女性たちが1974年に4000人から出資金を集めて設立したのが始まりで、女性だけを融資の対象としてきたことから、バングラデシュのグラミン銀行と並べて語られることが多い。貸付金は道具や材料の仕入れなど、女性の仕事の生産性や利益を高めるために使われる。

女性の社会進出の遅れが目立つインドではあるが、最近は徐々にではあるが、女性が起業した女性主体のビジネスの成功例も増えつつある。インドの煎餅《せんべい》（日本のインド料理店でも最初に出てくる）パパドのトップメーカーであるリジャットは、その代表例である。従業員のほとんどは女性で、出来高と組合での役割に応じて、給料が支払われている。リジャットの起源は、7人の主婦がムンバイの建物の屋上で4袋のパパドを作ったもので、その後60年を経てインド最大のパパドのメーカーとなり、現在では米国やシンガポールにも輸出している。リジャットのパラドカール代表は、小学生の時から学校へ行く前にリジャットの一員だった母親を手伝ってパパドを作り、その後リジャットに加入してトップにまで上り詰めた。このようにして収入を得た女性は、家庭内での地位を高め、自己実現を可能としている。

インドの女性起業家の中でも最も成功した人物は、第3章で紹介したバイオ企業バイオコンの設立者キラン・マズムダル・ショウであろう。1978年に彼女がわずか500ドルで創設した同社は、今や従業員1万1000人を超す大企業に成長した。このバイオコン以外にも、電子商取引、マタニティウエア、女性ドライバーによる女性のためのタクシー配車など、様々なビジネスにおいて、女性による起業の成功例が出てきている。

男性社会の大企業のプロフェッショナルな経営者としても、徐々に大物女性経営者が出てきており、米ペプシコでCEOに上り詰めて同社の業績を大きく改善させたインドラ・ノーイ、インド最大の政府系商業銀行インド・ステイト銀行のアルンダティ・バッタチャリア会長などはその代表例である。

カースト問題と留保問題

インドではカースト制度が根強く残り、上位カーストによる下位カーストの差別が長年にわたって横行してきた。カースト制度は生まれによって職業を規定するものであるが（第1章）、カースト間には越えられない壁がいまだに存在する。インド憲法では「カースト制度を理由にした差別」が禁止されているほか、1955年制定の公民権法では「（伝統的に被差別カーストが行う）人の手による汚物処理を何人にも強要すること」を禁じている。しかし現実には、こうした法律は無視されがちで、下位カーストは差別を受けたことを訴えることもしづらい状況である。カーストによる差別は、都市よりも農村、南インドよりも北インドで著しい。

インドの経済成長は、富めるものが先に豊かになるという図式とともに、カースト間の所得格差の拡大をもたらしてきた。オーナー系以外の大企業のCEOは大多数がバラモンであるという事実だけを見ても、それは明らかである。またカースト間の格差だけでなく、指定部族（ST）と呼ばれる少数民族とそれ以外の格差も問題である。インド政府の統計によると、指定カースト（SC）と比べて、指定部族（ST）の所得の伸び率の方がさらに小さい。

所得の伸びという点では最も置き去りになっているのが指定部族（ST）であるが、社会的な差別という点では指定カースト（SC）の方が大きな問題を抱えている。開発が遅れた山岳地帯に住んでいるSTは、村全体の住人がSTであるため格差に気づいていないことが少なくないのに対し、同じ村に上位カーストと居住しているSCは上位カーストが豊かになっていくのを目の当たりにしているからである。しかし近年では、男女差別の風習が少ないインド北東部のSTの女性が大都市のホテルやレストランに出稼ぎに出る機会が増えてきており、そこで差別を実感することが多くなっている。

カーストや宗教等による教育格差は、世代間でもしっかりと受け継がれている。アシャーとラフキンらの研究では、SC、ST、イスラム教徒の3つのグループについて、親の教育達成度が次世代にどのくらい受け継がれていくかを比較した結果、SCでは親の教育水準を子供の教育水準が上回る傾向が見られ、STもSCに続いていることが明らかにされている。その理由は、次に述べる留保制度（アファーマティブ・アクション）の効果であるとされている。都市と農村を比較すると、都市の方が教育水準の改善が著しく、地域別には、南インドで改善が顕著であった。STでは都市部と農村部における差がとりわけ顕著であったことも明らかにされた。これは、STが農村から都市に移住した結果と考えられる。次に、SCの男女を比べた場合、農村では男子の教育水準が親の教育水準を上回っていたのに対し、都市では女子の方が男子よりも教育水準の改善があった。一方、イスラム教徒の間では、男女ともに教育達成度が世代を経ても改善していなかった。

インドのカースト制度の問題をさらに複雑にしているのは、下位カーストのために設けられた留保制度の存在である。1950年に制定された憲法では、連邦下院ならびに州下院議員の議席および公務就職についてカーストの人口比に応じた優先枠を与えることが決められている。現在でもSC（16・66％）とST（7・5％）に対して留保枠が設けられており、90年にその他後進諸階級（OBC）に対して27％の公的雇用を留保することが新たに決定された際には、上位カーストの抗議運動が全国的に広がった。こうした上位カーストの留保制度への反発は、貧しいがゆえに公的部門への就職の意味が大きく、上位カーストの人口比率も高い北インドでとりわけ激しかった。

2006年には、OBCへの留保が中央政府管轄の高等教育機関への入学枠にも拡大されることになり、再び上位カーストの激しい反発を招いた。ただでさえSCとSTの留保枠だけで4分の1に相当するのに、これにOBCの枠25・84％を加えると、上位カーストには半分しか残されていない。不満を募らせる上位カーストに配慮して、モディ政権は上位カーストの中で経済的に困窮している層に10％の枠を与えることとして、最高裁によって認められた。このように、インドの留保制度は米国とは反対で、むしろ増える傾向にある。

カーストによる留保枠で一つ大きな問題とされているのは、カースト（ヴァルナ）別の人口比率が正確にわかっていないことである。2001年と11年の国勢調査の準備においては、カースト帰属に関する調査を行うかどうかについて対立があった。SC、STだけでなく、OBCの人口も正確に把握されておらず、その後も国勢調査が行われていないため、留保枠の比率が人口の比率に合っているかどうかが、大きな問題となっているのである。

留保枠のために一流大学に入れない上位カーストの不満が高まる一方で、OBCの枠をめぐる不正や汚職も社会問題化している。SCやSTと違ってOBCのステータスは個人が政府に申請することによって手に入れることができるが、認可のための認定基準はたびたび変更されている。本来OBCでないにもかかわらず、留保枠を手に入れたいために賄賂を払ったり偽りの申請をしたりする例も後を絶たないと言われている。

カースト問題はきわめてセンシティブであるため、日本人はインド人に対してカーストについて安易に聞くことは控えた方が無難である。また、インドに進出している日系企業に勤めるホワイトカラーの従業員は教育水準が一定以上であるため、上位カーストに属することが多く、日系企業がカースト差別の問題に直に接することは限られている。

宗教間格差

ヒンドゥー教の人口が8割を占めるものの多宗教の国インドでは、宗教間の格差や抑圧の問題も無視できない。とりわけモディ政権になってから欧米メディアに批判的に取り上げられることが多くなっているのは、イスラム教徒への抑圧問題である（第1章）。

ヒンドゥー教徒は富裕層から貧困層まで幅広く存在しているのに対し、インドの人口の

14%を占めるイスラム教徒は一般に貧しいことが多い。その理由の一つには、ヒンドゥー教徒のダリットからイスラム教徒に改宗したケースが多いこともあるとされる。しかし、もともと教育水準の低い低カースト層が改宗しても彼らの生活がそれで豊かになるわけでなく、さらに改宗すると政府による低カースト向け留保制度の恩恵にあやかれなくなる。先に述べた低カースト向けの留保制度は、イスラム教徒やキリスト教徒には適用されていない。またキリスト教徒の間でも、先祖代々キリスト教の家系に育った「由緒正しい」キリスト教徒と低カーストからの改宗組のキリスト教徒の間で差別問題が生じている。イスラム教徒、キリスト教徒、仏教徒は改宗組が多いため、インドのカースト問題と宗教問題を分けて考えることは難しい。

インドの宗教の中で低カースト層からの改宗比率が圧倒的に高いのは、仏教徒である。彼らはインドで「新仏教徒」と呼ばれていて、地域的にはインドのほぼ中央に位置するマハラシュトラ州ナグプールやその周辺に最も多く居住している。

仏教への集団改宗を最初に主導したのは、不可触民の英雄ビームラーオ・アンベードカルであった。アンベードカルは1891年に貧しい家庭に生まれ、低カースト層の奨学金を得て勉学に励み、弁護士や政治家として不可触民の地位向上のために尽くした。インド独立時には、初代法相かつ憲法起草委員のひとりとしてインド憲法の制定にもかかわった。しかし、差別の温床となっているカースト制度自体を根絶すべきであると考えるアンベードカルは「カースト制度自体は認めるものの、カーストによる差別は認めない」という見解（これが今日のインド政府の立場）を持つ国父マハトマ・ガンディーと対立し、１９５６年10月に50万人に及ぶダリットとともに自ら仏教に改宗した。これが、仏教がほぼ滅亡していたインドにおける「新仏教」の始まりである。

しかしながら、アンベードカルは改宗の２ヵ月後に病死し、彼を慕って改宗した新仏教徒は途方に暮れた。アンベードカルの仏教復興運動を継いだのは、驚くべきことに、日本人僧侶の佐々井《ささい》秀嶺《しゅうれい》であった。佐々井は岡山県で生まれ、タイの寺院への留学を経て、１９６６年にインドの日本寺へ派遣された。その後ナグプールへ移って布教と社会活動を続け、88年にはインド国籍を得た。仏教の聖地ブッダガヤでは、大菩提寺《だいぼだいじ》の管理権をヒンドゥー教徒から仏教徒に返還させるための運動を組織して、社会運動家としての名を上げた。彼は２００３年から06年にかけて、インド政府の少数派委員会のメンバーにも仏教徒を代表して選ばれた。毎年10月頃ナグプールで佐々井が中心となって開いている大改宗式には、今でも３日間で１００万人にも及ぶ群衆が押し寄せている。

3　汚職と環境問題

深刻な汚職問題

貧困や格差と並ぶインド社会の根深い問題は汚職の蔓延である。政治家や官僚の汚職や脱税、不法ビジネスなどからなる「ブラック・エコノミー」は、インド経済において大きな比率を占めている。そのGDPに占める比率は算定が難しく、16%という説、ネルー大学アルン・クマール教授の50%説、元インド中央捜査局のラールによる100%説など様々である。産業別には、不動産や建設業に多いとされる。インドでは税金を減らすために、不動産の売買価格を表向きは低くし、実際の取引価格との差額を現金で支払う取引が多い。

インドの汚職は、行政が十分に機能していないことの証左である。運転免許証の取得から結婚届、土地の所有権登録まで、庶民は賄賂を要求されがちで、払わないと手続きに膨大な時間がかかる。

賄賂は公共部門でも民間部門でも存在する。子弟の学校の入学や就職のために大学や企業担当者に賄賂を払わされることも多いようである。こういった賄賂の支払いは「仲介業者」に手渡されることが多く、産業として成り立っている。インドの役所の入口付近には、賄賂の仲介を行う不正な取引人がたむろしており、庶民は彼らに「仲介料」を払うことが多い。こういったことは北インドに特に多い。

それぞれの賄賂には「相場」がある。例えばデリーで本来無理な政府系企業に雇ってもらうための賄賂は年収１年分といった「相場」を、インドの人々は日々の生活を通して知っている。下級裁判官の買収も頻繁に行われていて、犯人側が裁判官や警察、検察などに賄賂を支払うことで裁判の引延ばしができる。最高裁判事の買収だけは難しいのか、「実の親と最高裁判決以外の全てはカネで買える」という冗談もあるくらいだ。世銀の元チーフエコノミストでコーネル大学教授のカウシック・バス教授は「運転免許証をカネで買えるインドは、先進国よりも『市場経済』国家だ」と自嘲気味に自国のことを述べている。

政府補助金の横領も頻繁に行われている。村の長老が政府の補助金を中間搾取するといったケースも多く、ある調査では政府の農村における雇用創出プログラムの資金の約４割が横領され、数百件の苦情が放置されたままになっていることが明らかになった。モディ政権下で補助金の中間搾取はかなり減ったものの、ラジブ・ガンディー元首相の「インドの補助金は15％しか届かない」という発言はいまだによく引用される。

合法的な節税対策だけでなく、違法なマネーロンダリング行為も後を絶たない。例えば、アフリカの島国モーリシャスは、インド系移民の多い歴史的な経緯から、インドと特別な租税協定がある。これを利用して、欧米の多くの金融機関はインドの株式取引をモーリシャス法人経由で合法的に行っている（日系はしていない）。この租税協定を利用して、モーリシャスはインドの政治家やビジネスマンが裏金をインド本国へ還流する拠点としても利用されてきた。税収の観点から租税協定の見直しが必要と言われ続けているにもかかわらず、政治家の反対で実現していない。

これまでのインドの汚職事件で最も大規模なものは、2008年の第2世代携帯電話サービス周波数割り当てにおける汚職事件である。ラジャ通信情報技術相は、応札企業の資本金や事業実態を評価せずにペーパーカンパニーに免許を与え、国庫に日本円相当で2兆円とも言われる膨大な損失を与えた。事件の発覚とともに、ラジャ大臣は収賄容疑で11年に逮捕され、彼が与えた携帯電話サービス事業者の免許は取り消しとなった。

もう一つの有名な汚職事件は、米エンロンのダボール発電所に関して起きた。米電力小売業者エンロンは、入札の手続きもなしに発電所建設を認められ、マハラシュトラ州から20年間のテイク・オア・ペイ（州政府電力公社が電力を買い取らない場合でも全量相当の代金を支払う）契約を与えられた。州政府電力庁はエンロンに毎年1400万ドル（1億8200万円）を無条件に支払うことで合意したが、この金額は韓国における電力買取の一般価格の3倍とも言われる不当に高い水準であった。その後の州政権交代で汚職が暴露されて契約は無効となったが、エンロンは中央政府からも州政府買収を揉《も》み消すための賄賂を要求され、それを拒んだエンロンに対して中央政府は契約書上の保証を行わないと宣言した。その結果、1999年から運転していたダボール発電所は2001年に停止に追い込まれ、その後米国のエンロン本社自体が粉飾決算問題で破綻した後、ダボール発電所は国営企業の管理下となった。この事件は多くの国際裁判につながり、解決には長い年月を要し、その後のインドの電力部門民営化にも悪い印象を与えることとなった。

2014年に発足したモディ政権では、こういった閣僚レベルの大規模な汚職がなくなった。しかし、末端レベルの汚職の根絶は容易でない。将来的には先進国入りを目指しているインドにとって、今後の汚職撲滅は欠かせない。

大気汚染

インドを旅行した日本人は、誰もが大気汚染の深刻さを実感する。スイスのIQエアーの調査によると、世界で大気汚染が「最も深刻」な15都市のうち13都市、「かなり深刻」な30都市のうち22都市がインドにある。深刻な大気汚染のために肺疾患、頭痛、心筋梗塞《こうそく》などの病気にかかる人も多い。インドの都市人口は、2040年までに2億7000万人増えると予想されていて、都市化の進展とともに問題がさらに深刻化することが懸念されている。

首都ニューデリーでは大気汚染が特に深刻で、大気汚染物質PM2・5の値は平均150から300と、WHOによる指針の30倍から60倍に及ぶ。英医学誌『ランセット』に掲載された論文によると、2019年にデリーで大気汚染に起因する死者は1万7500人に上ったという。デリーの大気汚染のピークが訪れるのは、毎年10月ないし11月にある「ディワリ」と呼ばれるインドの正月シーズンである。22年11月には大気汚染の深刻さゆえ、デリーで全ての小学校が一時休校となった。この時期のデリーの大気汚染の原因としては、祝日を祝う爆竹と花火、ほど近いパンジャブ州の小麦収穫後の藁《わら》焼《や》き、乾季のため少ない降雨量などがある。

自動車の排ガス規制

大気汚染問題に対処するため、インド政府が力を入れているのは、自動車の排ガス規制強化である。インド政府は2019年度からインド独自の排ガス規制であるバーラト・ステージ（BS）4をBS5に切り替え、21年度にはBS6に移行する計画であったが、BS5を飛ばして1年前倒しでBS6を導入した。10年度から16年度までインドの排ガス規制はBS3であり、17年度から19年度にかけてBS4となっていたのを大幅に強化した。

電気自動車（EV）普及促進にも、インド政府は積極的である。2013年に発表された

「国家電気自動車ミッション計画2020」（NEMMP）では、20年までにEVとハイブリッド車の合計で年間販売台数を600万～700万台に拡大するという計画を立てた。しかし、17年頃からEV化の推進に向けて舵を切り、30年までに自動車の3割をEV化すると政府は新たに公約するに至った。インド政府は5000億ドル（65兆円）にも及ぶEV化推進の基金の設立も検討している。大気汚染の酷いデリーでは、23年までに新たに導入される2830台のバスのうち4分の3をEVとする計画も進められている。EV化の実現がより難しい自家用車よりも、商用車を先にEV化しようという試みのようである。

インド政府のEV化推進政策に従って、地場の自動車メーカーもEVの開発に注力している。国内EV市場首位のタタ自動車は、タタ・グループ傘下の他社と共同で開発事業を進めており、もう一つの地場大手マヒンドラもEV開発に熱心である。最近では、配車サービスを展開するスタートアップ企業Olaも、EV開発に乗り出している。

外資では、ドイツや韓国の外資系自動車メーカーがインドのオート・ショーでEVモデルを毎年積極的に発表しており、先に述べたように、2023年6月には米テスラも工場設立に向けた計画を発表した。

日本勢はこれまでインドではハイブリッド車しか投入してこなかったが、2022年にスズキが3年後にEVを投入するという計画を発表した。スズキのインド市場向けEVは、インド人のエンジニアによって、インドで開発されている。スズキはグジャラート州に150億円を投じてEV生産能力を増強して、隣接地に電池工場を建設する計画も進めている。同社はハイブリッド車用の車載電池の現地生産（デンソーと東芝との合弁）に加えて、EV用電池を並行して生産することになる。EV化でやや出遅れ感のあった日系企業の巻き返しが期待されている。

インドでは、四輪より二輪と三輪でEV化が進んでいる。すでに近距離タクシーとして使われる三輪EVの年間販売台数は10万台、三輪車の販売台数のうち6台に1台はEVとなっており、インド政府は2024年までに、三輪車を全てEV化すると宣言している。日本のスタートアップ企業のテラ・モーターズは、インドの三輪EV市場に進出して成功を収めている。

ただし、インド政府の意気込みとは裏腹に課題も多い。例えば、インドで現在稼働している公共EV充電ステーションは1640基しかなく、大半は主要都市に集中している。そのため、インド政府はバッテリー交換方式に注力する方針を打ち出しており、今後発売されるEV自動車（二輪・三輪・四輪を含む）の83％に相当する150万台のEリキシャ（電動タイプの三輪タクシー）のバッテリー交換に対応する計画を進めている。これをビジネス機会ととらえ、古いオートリキシャをEV化する改造キットの開発を手がける地場のスタートアップ企業も出てきている。

水質汚染とスラム問題

水質汚染も深刻である。インドでは上下水道の整備が遅れており、下痢や肝炎で多くの子供の命が奪われている。工業廃水を管理する規制が機能していないため、都心部では1日当たりの下水の7割が未処理のまま排出されて、人々に健康被害を及ぼしている。

「聖なる川」ガンジス川も汚染が著しい。ヒマラヤに源流を持ち、インド北部を流れる全長約2500キロのガンジス川は、流れる水の約8割が汚染されている。ガンジス川は「その水が全ての罪を洗い流す」と信じる人々の沐浴《もくよく》の場となっており、その水はインドの全人口の4割の飲料水や調理用水として利用されている。しかし、川岸には様々な工場や農場が立ち並び、汚水や危険な化学物質を垂れ流している。

2015年、モディ首相は30億ドル（3900億円）の予算を投じて、ガンジス川の清浄プロジェクトを開始した。しかし、実際に使われた金額はその4分の1以下であることが監査で明らかになり、18年初めまでにガンジス川の水質を改善するという当初の目標達成はいまだに程遠い。

都市のスラム問題も深刻である。商都ムンバイの人口は、過去30年間で1200万人から

2000万人に増えている一方で、住宅や上下水道、廃棄物処理などのインフラ整備が人口増加に追い付かず、ムンバイの総住民の4割はスラムの劣悪な環境に居住している。ムンバイのスラムの中でも最大のダラヴィ地区は「アジア最大のスラム」とも呼ばれており、利権の絡む政治的理由で誰も再開発に手をつけてこなかった。2022年になってようやく入札が行われ、アダニ・グループが507億ルピー(811億2000万円)で開発権利を落札した。しかし、すでに住民の反対運動が始まっており、スラム開発計画の先行きが不安視されている。

地球温暖化対策目標

2021年に英国グラスゴーで開催された国連気候変動枠組み条約第26回締約国会議(COP26)において、モディ首相は「30年までに非化石燃料の発電容量を500ギガワットにすること、30年までにエネルギー需要の50%を再生可能エネルギーにすること、30年までに予測されるGHG(温室効果ガス)排出量を10億トン削減すること、30年までに経済活動によってもたらされる二酸化炭素の量を45%削減すること、そして70年までに二酸化炭素の排出をゼロにすること」を誓約した。これによってインドは、二酸化炭素排出量を05年の水準から33~35%削減できることになる。

2022年のカイロで開催されたCOP27でも、インドは存在感を見せた。したたかなインドは温暖化対策における先進国の援助も期待しており、モディ首相は会議における演説で、「先進国が途上国に年間1000億ドル（13兆円）を支出するとした約束が達成されていない」と述べることで先進国を批判し、「グローバル・サウス」のリーダーとしての地位を改めて国際社会に示した。

地球温暖化の防止は、世界のGHG排出量の7%近くを占めるインドの協力がなければ不可能である。

同時に、温暖化対策はインド自身にとっても欠かせないものとなりつつある。隣国パキスタンは2022年夏、地球温暖化の影響で大洪水に見舞われ、国土の3分の1が浸水する事態となった。温暖化はインドにとって他人事《ひとごと》でないことが改めて認識された。

地球温暖化は洪水だけでなく、熱波も引き起こす。2022年にインドは激しい熱波を数週間経験し、デリーを含むインドのいくつかの都市で、日中最高気温が43度を超え、死者も出た。世界銀行の報告書は「インドがまもなく人間の生存限界を超える熱波を世界で初めて経験する国の一つになる可能性がある」とした上で、インドの労働人口の75%に当たる3億8000万人が暑さにさらされる仕事に携わっているため、彼らは熱波によって、生命を脅かされる可能性があると警告している。

温暖化対策としてインドで優先順位が高いのは、太陽光や風力などの再生可能エネルギーである。現在インドでは石炭火力発電が電源に占める割合が約7割にもなるが、インド政府はこの比率を下げるために自然エネルギーの入札プログラムを進めている。これらの計画は成功しつつあり、太陽光発電と風力発電のコストが大幅に低下し、再生可能エネルギーの発電キャパシティは5年で倍増した。

第3章でふれたように、再生可能エネルギーのビジネスを主導している企業は、アダニ・グループである。2020年にアダニ・グリーン・エナジー（AGEL）は、インド太陽光発電公社と太陽電池製造を含む世界最大級の太陽光発電設備事業の契約を締結した。AGELは、世界最大規模の60億ドル（7800億円）の投資を今後行って40万人の雇用を創出し、30年近い設備稼働期間中に900万トンの二酸化炭素を置き換えて、世界最大の再生可能エネルギー事業者となる計画を発表している。これが実現すると、インドの太陽光発電設備は88ギガワットから23年には175ギガワットに増加することになる。

このほか、再生可能エネルギー政策の一環として、インド政府は水素エネルギーの国家計画も策定しており、リライアンス、アダニ、国営エネルギー会社などが参加を表明している。日本も官民挙げて協力を進めている。今後は実現に向けて、コスト面での課題を解決することや、供給サイドだけでなく需要サイドにも政府補助金を供与することなどが望まれよう。

期待外れの原子力発電

再生可能エネルギーの推進が進む一方、当初の計画より大幅に遅れているのは原子力発電所の建設である。モディ政権は「２０４７年までに原子力のシェアを９％近くまで増加させる」という野心的計画を立てている。しかし現実には、22基６７８万キロワットの原子炉が運転中のほか、１基70万キロワットが試運転中であるに過ぎず、原子力が全体のエネルギーに占める比率は３％程度で低迷している。原子力発電の目標は32年までに22ギガワットへと大幅に引き下げられたが、それも達成困難と考えられている。

米国とインドは２００７年７月に画期的な原子力協定の妥結に至り、それに続いて日本を含む主要国も同様の協定を結んだ。しかし２０１０年には、原子力発電所で万が一事故が起きた場合、外資企業であっても無制限の補償が義務づけられるという「原子力賠償法」がインド国会で成立した。この法律のため、欧米や日本の原子力企業のインドへの投資熱は大きく冷え込むこととなった。

１９８４年、中部マディヤ・プラデシュ州ボパールで、米ユニオン・カーバイドの現地法人の農薬工場がガス漏れ事故を起こし、推定55万人以上が負傷して１万６０００人が死亡するという世界最悪の産業災害が起きた。この時ユニオン・カーバイドの本社は「現地従業員の不手際で水がタンクに混入した」という主張から、その後の賠償に応じておらず、このトラウマが原子力発電に関する賠償責任法の制定を後押ししたようである。その後、インド政府は賠償の際の補償のための保険制度を設立したが、規模が小さすぎて効果に乏しく、ロシア以外の諸外国によるインドでの原子力発電所の建設は棚上げとなってきた。そうした中で2023年6月のモディ訪米時、米ウエスチングハウスのインドにおける原子力発電所の建設計画が発表された。仏アレバもこれに続く動きを見せており、これらの計画の今後の進展に、大きな注目が集まっている。

第6章　インドの中立外交——中国、パキスタン、ロシア、米国とのはざまで

1　中国との衝突

非同盟中立外交

1947年の独立以来、インドの外交は非同盟中立の立場をとってきた。かつての米ソ冷戦期にも、インドはどちらの陣営にも属さずに中立を保っていたが、現在も引き続き主要国との全方位外交を展開しており、インド政府自らが言うところの「戦略的自律性」を貫徹するという姿勢を崩していない。

その一方で、国境を接する南アジアの周辺国との関係については、これまでインドはその圧倒的な力を背景に、各国と個別に対応する二国間主義を選好する傾向にあった。ネパール、

スリランカ、バングラデシュなどインドの周辺国では、インドの二国間外交が傲慢であるという不満の声が高まり、この隙をついた中国がインドの周辺国に対して軍事的・経済的影響を拡大させる動きを強めてきた。しかし、２０２０年の中国との国境での軍事衝突以来、インドでは周辺国に対する外交姿勢はかつてより友好的・協力的になってきている。経済危機に陥ったスリランカへの積極的な支援や、「グローバル・サウス」のリーダーとしての国際社会での発言など、主要国だけでなく途上国も重視する動きが目立ってきている。

非同盟外交を展開するインドは、クアッド（日米豪）、ＢＲＩＣＳ（ブラジル、ロシア、南アフリカ、中国）、ＩＢＳＡ（ブラジル、南アフリカ）、ＳＣＯ（上海《シャンハイ》協力機構：中露、中央アジア、パキスタン、イラン）、ＳＡＡＲＣ（南アジア地域協力連合）やＢＩＭＣＴＥＣ（ベンガル湾多分野技術経済協力イニシアチブ：タイ、バングラデシュ、スリランカ、ミャンマー、ネパール、ブータン）、非同盟諸国会議など、多くの国際的枠組みに属している。各国の「ミニラテラル」、すなわち有志国の集まりを重視し、かつその種類を問わないというのがインドの外交方針である。

このように非同盟中立を掲げるインド外交も、時代とともにその強調する方向は変化している。１９４７年の独立後、ネルーは非同盟中立外交を強調したが、先に述べたように、71年の第３次印パ戦争後インディラ・ガンディーは旧ソ連の東側ブロックへ傾斜を強めた。91

年の経済自由化開始後は、ナラシンハ・ラオが「ルック・イースト」政策と称して東アジアを重視し、２００５年の米印原子力合意とともにマンモハン・シンは米国へ傾斜した。そして23年のG20議長国に就任したインドは、「グローバル・サウス」のリーダーとして非同盟中立外交へのウエイトを増している。政権の交代と国際情勢の変遷とともに、基本的には非同盟中立であるインドの外交姿勢も微妙に色合いが変化しているのである。

悪化する対中関係

非同盟中立を掲げて全方位外交を進めたいインドにとって、目下の最大の問題は、対中関係の悪化である。２０２０年6月15日、チベット西部とパキスタン占領下のカシミールにはさまれた要衝ラダックのガルワン渓谷《けいこく》で印中両軍が衝突し、20名のインド兵が死亡した。中国との衝突でインド側に死者が出たのは45年ぶりのことである。中国政府は「衝突による」中国側の死者が出たことは公式に認めていないものの、インド側報道によると中国側にも43名の死者が出た模様で、現場付近に作られた中国兵の墓の写真もインドのメディアの間では出回っている。奇《く》しくもこの6月15日は習近平《しゅうきんぺい》国家主席の誕生日であった。

インド政府は「ガルワン渓谷の実効支配線（LAC）を順守するとした合意を中国が破った」としているが、対する中国政府は「インド軍が国境を越えて中国側に侵入した」と主張している。この衝突で発砲はなかったものの、双方合わせて数百人の兵士が、数時間にわたってこん棒や石を使って戦った模様である。

2020年4月以降、コロナ禍に苦しむインドの隙を突くように、中国人民解放軍のインド領侵入の回数が増え、その数は年間200回とも言われた。同年5月5日にはチベット高原の絶景の湖パンゴン・ツォのほとりで両軍の小さな衝突が起き、双方の兵士が負傷した。その後インド北東部に位置するシッキム州の国境でも両軍の対峙《たいじ》と衝突が報道されており、6月15日の衝突はこれらに続くものであった。

中国との衝突の背景

中国がなぜこの時期にこうした行動に出たのかは不明であるが、ラダック地域を連邦政府の直接の管理下に置くことにした2019年のインド政府の決定と、インド政府が近年同地域に道路や橋などのインフラを急速に整備していたことに反発したためではないか、と考える向きが多い。もう一つには、19年10月にジャンムー・カシミール州が連邦直轄領に改編され、その際発表された新しい地図に、中国が実効支配するラダックの東のアクサイチン地域も連邦直轄領の一部として含まれていたことも、中国政府を刺激したようである。

モディ政権は2014年の発足以来、中国との国境付近のインフラ整備を進めており、北

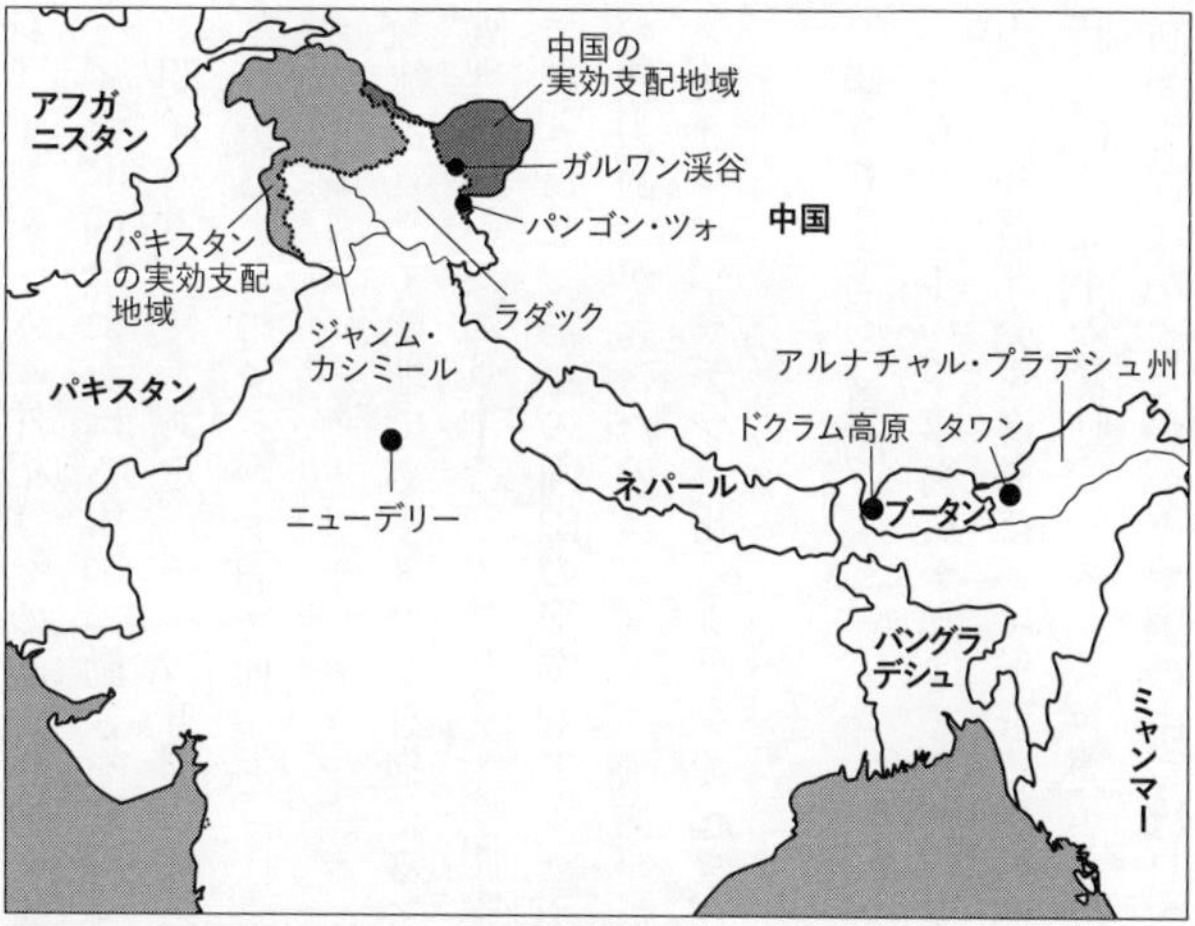

図6-1　インドと中国の紛争関係図
出典：Google Mapなどをもとに作成

部ラダックの国境周辺道路やシッキム州の空港、北東部アルナチャル・プラデシュ州のインド最長の橋などの大型インフラを次々と完成させていた。こうした中国との国境のインフラ整備は、これまでのインドの政権がやってこなかったことであり、インドの考えていた以上に中国を刺激した。

過去を振り返っても、1962年の中印国境紛争はゴア（アラビア海に面するムンバイから400キロメートル南の元ポルトガル領）併合の翌年に起きているし、75年の印中衝突もインドのシッキム王国（ネパールとブータンと中国領チベットに隣接）の併合直後に起きている。すでにチベットを併合している中国は、この地域のインドの動きにはことさら敏感であるが、モディ首相とジャイシャンカル外相はそのあたりを楽観していたのかもしれない。

インド国境における中国の動きを理解する上で必要なのは、中国共産党にとってのチベット問題の重要性である。チベット周辺地域の最終的な併合は、中国共産党にとって究極の野望である。このチベット周辺地域とは「チベットを掌《てのひら》とするとラダック、ネパール、シッキム、ブータン、アルナチャル・プラデシュの5本の指」であり、その中でも、チベット仏教徒にとって聖地であるタワンを抱えるアルナチャル・プラデシュ州は中国にとって最も重要性が高い（図6-1）。1962年の印中紛争はアルナチャル・プラデシュ州（とラダック）で起きたし、75年の両国の衝突もアルナチャル・プラデシュ州で発生した。2020年6月の武力衝突が起きたのはラダックであったが、22年12月には2年半ぶりの両軍の衝突がアルナチャル・プラデシュ州のタワンで起き、両軍に負傷者が出た。

騙されたモディ首相

2020年の軍事衝突が起きるまで、モディ首相は対中宥和《ゆうわ》策を推進していた。一つの理由は、経済開発を進めたいモディ首相の個人的考えであると思われる。グジャラート州首相時代には02年の暴動でイスラム教徒が多数死亡した問題のため米国のビザが下りず、欧米に訪問できなかったが、主要国の中では日本と中国だけから大歓迎を受けた。中国にはグジャラート州首相として4回訪問しており、その回数は日本より多い。14年に首相に就任したモディ首相は最初に自国に招く首脳として習近平国家主席を選ぶ一方、自身が最初に訪問する（周辺国以外の）主要国として日本を選び、両方に感謝の意を表した。

国内のインフラ整備を進めたいモディ首相にとって、中国企業の協力は必要と思われた。また「強いリーダー」としてトップダウンの経済開発を進めたいモディ首相に、習近平は、学ぶ点の多い羨ましい存在に見えたことであろう。また、カシミールを力ずくで押さえたいという事情もあり、習近平のウイグルにおける経験が知りたかったかもしれない。

2014年から20年までの6年間に、モディ首相と習近平は合計18回も首脳会談を行った。17年にはインドと中国の両方に国境を接するブータンのドクラム高原において軍事的な緊張があったにもかかわらず、翌年にモディ首相は武漢《ぶかん》を訪問し、19年には習近平をチェンナイに招聘して「武漢スピリット」「チェンナイ・コネクト」とそれぞれ名づけられた非公式会談を行った。

しかし、この「チェンナイ・コネクト」からわずか8ヵ月後に、死者が出る衝突が起きるに至って、モディ首相は1962年のネルーと同じように、自分もまた中国に騙されていたことに、遅まきながら気が付いたことであろう。

政治家も官僚も、自らの過ちを素直に認めることはしたがらないものである。モディ首相もインド外交の知恵袋ジャイシャンカル外相もその例外ではない。インドには、インド戦略研究センターのブラーマ・チェラニー教授やスブラマニアン・スワミ上院議員、リパブリックTVのアンカーのアルナブ・ゴスワミといった保守派の論客もいるが、彼らの提言はインドの外交政策に十分に反映されていなかったようだ。国内のメディアや一般世論も、対パキスタンとの関係にばかり目がいき、パキスタンの背後にいる中国の動きにまで十分に気が回らなかったようだ。

代々の対中宥和策とその背景

インドが中国につけこまれる隙を作った責任は、モディ首相とジャイシャンカル外相だけにあるのではない。むしろ代々の親中政権の対中外交のツケをモディ政権が払っている、という見方もできる。

初代首相のネルーは中国共産党の周恩来と親交を深め、中国を「兄弟」とまで呼んで、ともに第三世界のリーダーになることを目指した。1954年にはネルーと周恩来は「平和5原則」を結んだ。一般にはあまり知られていないが、そもそもインドがなる可能性もあった国連の常任理事国の座を、ネルーは中国（中華人民共和国）に譲る姿勢を見せてまで、中国との国交を重視したとも言われている（この話はまだ事実がわかっていないが、シャー内相は公に述べている)。もしこの話が事実で、ネルーがこの過ちを犯していなかったら、今日の国際政治はかなり違ったものになっていたであろう。

1962年10月20日、インドは中国軍の突然の侵攻を受けて1ヵ月で惨敗し、ラダックの東側に位置するアクサイチンの広大な領土を失った。中国に完全に騙されていたことを知ったネルーの憔悴《しょうすい》ぶりは著しく、この国境紛争はネルーの死を早めることにさえなった。

しかし、1988年にラジブ・ガンディーがインドの首相としては実に34年ぶりに訪中してから、インドの代々の政権は、あたかも62年の屈辱を忘れたかのように、中国との外交改善に努めてきた。2006年6月、バジペイ首相は両国国境地帯の陸路による貿易を復活させた。マンモハン・シン首相も、インフラ整備における中国の投資を期待して対中宥和策に努めた。中国の顔色をうかがうあまり、日米豪印の「クアッド」への参加にもあまり積極的でなかった。この「クアッド」とは、日本、インド、米国、オーストラリアの首脳や外相が安全保障や経済を協議する枠組みで、「自由と民主主義、法の支配」といった共通の価値観を持つ4ヵ国がインド太平洋地域での協力を確認する場として、設置されたものである。

国民会議派政権時代の対中宥和策が顕著だったもう一つの理由は、同党を牛耳るガンディー家の意向があった。とりわけソニア・ガンディーは、利権の大きいインフラ整備案件で中国企業を優遇し、亡き夫ラジブの古い友人でガンディー家に忠実なアーナンド・シャルマを商工相に据えて、中国との取引を推進したとも言われている。

2020年6月の軍事衝突後、ガンディー家のこうした中国寄りの姿勢が次々と明るみに出た。中国共産党によるラジブ・ガンディー財団への献金や、08年の北京オリンピックの開会式にシン首相を差し置いてガンディー家が招待されていたことなどが次々と報道され、インド国民は怒りを露わにした。マンモハン・シン前政権が東アジア地域包括的経済連携協定（RCEP）への参加に関心を示していたことに対しても、反中で燃え上がったインド国内では、「親中のガンディー家の意向によるものだ」といった批判が展開された。こうして「RCEPイコール印中自由貿易」という印象を国民が持つに至ったことも、日本が期待していたインドのRCEP加盟を難しくした。

インドの官僚組織も、弱腰の対中政策の一端を担った。どこの国でも同じだが、優秀な官僚は、トップの政治家の指示に従ってリスクをとらず、波風を立てるようなことは避けたがるものだ。最近まで、インド外務省の駐中大使の多くはその後次官に出世していた。ジャイシャンカル外相はキャリア外交官上がりで、グジャラート州首相だったモディの訪中を駐中大使としてアレンジした功績などが大きく評価されて、モディ政権発足後には外務次官になり、2019年以降は外相としてモディ外交の中核を担ってきた。

ジャイシャンカル外相は、マンモハン・シン政権下では駐米大使として（中国を念頭に置いた）米印原子力協定締結の交渉に当たっており、決して「親中派」というわけではない。入省後の語学研修はロシア語である。それでも、経済を優先して対中関係改善を図るモディ首相の意向に従って対中宥和策を進めてきた。ジャイシャンカル外相は「中国とインドの良好な関係なしに、アジアの世紀はない」としばしば述べてきた。2020年に出版された彼の著作では、中印関係が悪化していた時期にもかかわらず、中国を牽制する「クアッド」に関する記述がほとんど出てこない。

実際にはしかし、中国人民解放軍のインド領侵入は2020年の軍事衝突よりずっと前の13年頃から増えており、目立ったものだけでも2ヵ月に1度くらいの頻度で起きていた。そのため、ラダックの住民は中国兵の侵入を頻繁にインド政府に訴えてきた。彼らの大半はチベット系で、中国に併合された「同胞」のその後を誰よりも知っている。しかし、波風を立てたくないインド政府は、こうした訴えを無視して対応をしてこなかった。

非同盟中立国インドは、こういった時に助けてくれる国がない。中国との衝突で死者が出た後、インドをサポートするコメントを出したのは日本と米国（ポンペオ国務長官）だけであった。日本の鈴木哲《さとし》駐印大使は、領土問題で中国を暗に非難するコメントをツイッターに投稿し、同時期に海上自衛隊はインド海軍と共同演習を行った。日本は「困った時の友人こそ真の友」として、インド人の間で大いに感謝された。

一方で米国は、駐独米軍の一部をアジア方面に回して中国を牽制したものの、駐印米国大使の中国批判のコメントはなかった。WHOや香港問題では中国批判に回った西欧諸国や、対中で厳しい姿勢を貫いていたオーストラリアさえ、沈黙を守ったままであった。

対中経済措置の拡大

2020年6月の軍事衝突は、油断していたインドに十分な衝撃を与え、国民の対中感情は劇的に悪化した。習近平の写真や中国製品が燃やされ、中国製携帯電話の販売店の看板が破壊され、ツイッターでは「ボイコット・チャイナ」というキーワードが拡散した。国境問題は連日新聞の一面記事となり、テレビやインターネットメディアは、衛星写真に映し出された中国軍の動向を毎日のように報じた。

モディ首相は軍事衝突の直後、テレビで「インドの領土が(中国に)侵されたことは一度もない」と述べたが、この発言はたちまち世論の批判にさらされた。教訓を学んだモディ首相は、対中姿勢をいち早く転換させた。ラダックを電撃訪問して「拡張主義勢力は敗北し引き返す」と訴え、その後ニムーの軍事基地やレーの軍病院も訪れて、国民の信頼を回復させた。政治的な感覚に秀でたモディ首相は、修正能力が高かった。

その後、中国に対する経済措置が矢継ぎ早に出されていった。セキュリティ上の理由から、

TikTokやWeChatなど中国企業が運営する59のアプリが禁止され、その後アプリの禁止リスト数は300以上にまで増加した。

インド全土の高速道路事業における中国企業の投資も、全て禁止された。インド国営通信企業の事業に対する中国企業の入札取り消し、インド国鉄の東部貨物専用鉄道の信号機材における中国企業の入札取り消し、インド国鉄による中国企業の熱画像カメラの入札取り消し、ムンバイのメトロ事業への中国企業の入札取り消し、といった一連の措置が矢継ぎ早に打ち出されていった。

「国境を接する国の企業による対印投資に対する規制措置」も打ち出され、事前承認が義務づけられた。インドと「国境を接する国」でインドに投資している国は中国くらいしかなく、コロナ禍で苦しむインド企業を中国企業が買収することを止める意図は明らかであった。この措置で、中国からの対印投資は激減した。2020年以降にあった中国の直接投資申請347件のうち66件しか承認されず、その後も承認比率はさほど改善していない。こうした規制強化の影響は大きく、インドのEV市場に10億ドル（1300億円）の投資を計画していた長城汽車は断念に追い込まれ、長安汽車もインド事務所の閉鎖に追い込まれた。23年7月には、中国のEV最大手BYDのインドにおける工場設立も却下された。

通信部門も同じで、2021年5月に発表された5G試験の参加企業に、華為やZTEといった中国企業は当然のように含まれなかった。これまでインドでは最大手のリライアンス・ジオ以外の携帯キャリアは3Gや4Gの基地局に中国製機材を多用してきただけに、大きな政策転換であった。

最悪の事態に備えるインド

経済措置を強化する一方で、インド政府は外交による緊張緩和に向けた努力も試みているが、実を結んでいない。インド側が中国の一方的侵入を主張しているラダック地方の4地点のうち2ヵ所では多少の妥協が見られたが、重要度の高いデプサンとホットスプリングで進展がない。インドの主張は「2020年4月以前の状態に戻す」ことであるが、中国に応じる気配は全く見られない。22年2月の北京オリンピックでは、ラダックで軍事衝突が起きた時の連隊長である祁発宝を中国が聖火リレーランナーに起用し、これに激しく抗議したインド政府は北京オリンピックを外交ボイコットするとともに、インドの公共放送局はオリンピックの開閉会式の生中継を取り止めた。

解決への糸口が見えない中、インドは自力での国境防衛に全力を挙げている。中国と国境を接するラダック地方のインフラ整備は急ピッチで進められており、軍の展開を助けるための高速道路や橋、トンネルなどの73の建設案件に1兆4000億ルピー（2兆2400億円）

の巨費が投じられ、他の大半のインフラ建設案件とは比較にならないスピードで工事が進んでいる。

軍事力の増強も進んでいる。インドはそれまでにロシアから最新型地対空ミサイルシステムS-400を5基55億ドル（7150億円）、フランスからはラファール戦闘機を36機94億ドル（1兆2220億円）で購入する契約を結んでおり、2020年6月の国境衝突後、これらの重要兵器供給を急がせている。S-400はすでに2基が到着して北部と東部の国境地帯に設置されているほか、ラファール戦闘機も20年7月以降就役している（この新型戦闘機を操縦するパイロットのひとりは女性である）。23年7月にはモディ首相がフランスを訪問し、ラファール26機の追加購入やスコルペヌ潜水艦3隻の購入が報道された。ウクライナ戦争の長期化でロシアからの武器輸入に遅れが出始める中、世界最大の武器輸入国インドのフランスからの武器輸入比率が上昇している。インドはさらに米国やイスラエルからも、山間部での戦闘に適した戦車や10万個に及ぶ特殊ヘルメットなどを調達している。

2022年12月9日、インド北東部アルナチャル・プラデシュ州のタワンで再び両国の軍が衝突して負傷者が出た。2年半前の軍事衝突はインド北部のラダックであったのに対して、今回はそこから遠く離れた北東部であった。先に述べたように、タワンはチベット仏教の聖地で、中国共産党にとってはいずれ必ず自国の領土にしたい場所である。

インドの国会では野党からの追及が相次ぎ、モディ政権にとっても中国問題はアキレス腱《けん》となりかねない状況になっている。2020年6月の軍事衝突から3年を経過した時点でも、国境は緊張した状態にあり、国境に駐留する兵士の数も互いに10万人に及ぶ。この数字は20年6月の衝突以降最多となっており、さらにその後方に控える兵士の数は互いに20万人に上ると見られている。インド政府としては、こうしたことをあまり国民に対して公にしたくないと思われる。なぜなら、そうすることによって、国内の世論で「中国と開戦すべし」という声が高まると、まだ国力では大きな差があるだけに、1962年のネルーの二の舞になりかねないからだ。そのことを踏まえると、「クアッド」の共同声明などで中国を刺激するような姿勢を見せたくないインド政府の意図は理解できる。

対中経済依存脱却の遅れ

一連の対中経済措置にもかかわらず、インドは対中経済依存から脱却できていない。それどころかコロナ禍で対中赤字が増加し、2022年7月には中国が米国を抜き返してインドの最大貿易相手国に復帰し、22年度のインドの対中貿易赤字は21年度と比べて大幅に増加した。これは中国からの輸入がむしろ増えていることや、インドから中国への後発医薬品やITサービスの輸出が、中国側の輸入規制強化のために減少した結果である。

対中経済依存を減らしたいモディ首相は、「自立したインド」のスローガンとともに、製造業の国産化推進を進めている。しかし、欧米や日系の多国籍企業の間では中国一辺倒のリスクを減らすため「チャイナプラスワン」の動きが広がっているにもかかわらず、今のところインドはそのチャンスを十分にモノにできていない。米国向けの輸出市場でインドが中国に取って代わることもできておらず、一例を挙げると、2018年から22年までの間に中国の対米輸出が4%近く減少したのに対し、インドの対米輸出は0・2%しか増加していない。インド以外のアジア諸国全体では4%以上の輸出の増加率を記録した。

インドでは、携帯電話から諸々の機械製品や軽工業品、果てはヒンドゥー教の神様の像やお寺の線香まで、数えきれないほどの日用品が中国から輸入されている。しかもその多くはインドのブランド名で売られていて、中国製品を全て排除することは不可能である。一方の中国から見ると、対印輸出は全世界向け輸出のわずか2%にすぎず、投資におけるインドの比率も低いため、中国は経済的にインドを失っても構わないと考えている節がある。

中国依存が顕著なのは携帯電話である。2023年時点でインドのスマホ市場の8割を中国のメーカーによるものが占めている。上位5位のスマホブランドを見ても、その4社が中国メーカー（残り1社はサムスン）である。中国メーカーのスマホがここまでインドに浸透した理由の一つには、現地化の推進や価格のディスカウントなどの巧妙なビジネス戦略があるが、それに加えて、不法な脱税によるコスト削減の効果もあった。汚職やごまかしが通用して、インド政府の監督官が見逃していた可能性がある。

2020年以降、事態を重視したインドの政府当局によって中国のスマホメーカーの脱税摘発が一斉に進んだ。インドのスマホ市場で首位の華為が不正会計処理で罰せられたのに続き、小米《シャオミ》もインド法人を通して外貨をロイヤルティーの支払い名目で海外に不正送金していたとして、銀行口座を凍結された。小米の資金移動は表向きには「サービス」と引き換えに支払われたことになっていたが、実際にはそのサービスは提供されておらず、不正に中国本土に流れた金額は、7年間で5500億ルピー（8800億円）以上に及んだ。Vivoも14年以来インドで1兆2000億ルピー（1兆9200億円）の売上があったにもかかわらず、表向きには帳簿上の損失を計上して売上の半分に相当する資金を流用したとして、資産を差し押さえられた。OPPOも4000億ルピー（6400億円）の不正経理の疑いで巨額の追徴税を課せられ、OnePlusも同様の会計操作が指摘された。

中国依存でもう一つ問題視されたのは、医薬品を製造するための材料（API）の輸入である。新型コロナウイルス感染の第1波に見舞われたインドは、製薬会社がAPIの99％を輸入していたが、その7割は中国からの輸入であった。その後、中国依存からの脱却に向けて35のAPIを国内で製造する計画が進んでいる。

スタートアップ企業も中国に依存している。第3章で紹介したインドの大手スタートアップ企業の多くは、アリババやテンセントなどの中国のＩＴ企業の大型出資を受けている。しかし、これらの出資はインド政府による制裁対象となっていない。スタートアップの育成を進めているモディ政権にとって、この分野で対中制裁を科すと影響があまりに大きいからである。

台湾企業の巨大投資

中国依存を減らしたいインドにとって、「助け舟」的な存在が台湾である。台湾の鴻海は、２０１７年からインドのチェンナイ近郊でiPhoneを組み立てている。これまで同社のインドでの製造ラインナップは古いモデルに限定されていたが、２０２２年には最新モデルのiPhone14がその発表からわずか20日以内にインドで製造開始され、国内市場だけでなく海外にも輸出された。ＪＰモルガンのアナリストによると、25年には最新モデルを含む全てのiPhoneの製造の25％がインドに移管される可能性があるという。

鴻海はさらに、インド最初の半導体工場の建設に向けて、合弁相手先を探している。台湾系企業のこうした動きは、他の外国企業のインド投資の呼び水となる可能性がある。

このように急速に経済関係が強まっている台湾とインドであるが、インド外務省の台湾問題に対する態度は弱腰である。2022年8月のナンシー・ペロシ米下院議長の訪台時も、インド政府はノーコメントを貫いた。「中国の台湾併合に続くのは、インドのアルナチャル・プラデシュ州の併合」という見方もあるが、インド政府は表立って台湾問題に触れるのを注意深く避けている。22年9月にはインド外務省の報道官が台湾問題に関して「領土の一方的な変更は望ましくない」と初めて踏み込んだコメントをしたことが注目されたが、これまでの経緯を見る限り、インドの立場がすぐに変わるとは考えにくい。万が一の「台湾有事」の際にも、インドの積極的な協力は期待できない。とはいえ、前述のように中国の兵士30万人がインドとの国境紛争に注力していることは、少なからず「台湾有事」の抑止力になっている。

周辺国に手を伸ばす中国

これまでのインドの政権は、経済的利益の少ない南アジアの周辺国より、欧米や日本などの主要国を重視してきた。しかし、先に述べたように、その間隙を突くかのように、資金力にモノを言わせた中国がインドの周辺国に接近してきている。

中国とインドの間に位置するブータンは、「幸せの国」として世界的に知られている。しかし内実はインドの属国と言うにふさわしく、インドが1998年に核実験を行った際も、ブータンは国連決議の場でインドを支持した。ブータンの国家予算の半分は、インドからの財政支援に頼っており、インドから見ても、その全世界向け対外援助の総額の4分の3がブータン一国に供与されているように、インドにとってブータンの重要性は極めて大きい。

2007年には、そのブータンのドクラム高原で、中国が道路を許可なしに建設していたことが明るみに出て、同年夏にはブータン政府から要請を受けたインド軍と中国軍が73日間にわたって睨《にら》み合う事態が発生した。この時はインドの外交努力によって武力衝突は免れたが、中国は現在でもドクラム高原に軍を駐留させており、ブータンにとっては大きな懸念となっている。20年6月のラダックにおける中印の軍事衝突は、中国がこの時にブータンでもっと踏み込まなかったことへの反省から、リベンジを果たしたのではないか、という見方もあるほどだ。

2020年6月には、世銀グループの地球環境ファシリティ（GEF）が、ブータン東部のサクテン野生動物保護区に計画していたプロジェクトを、中国が「そこは中国の領土だ」と反対して中止に追い込んだ。ブータンと中国は国交を結んでいないが、国境画定協議はそれまで24回も行っている。ブータン政府によると、これまで中国側が領有権を主張したのは、この野生動物保護区ではなく、ブータン西部のドクラム高原と中部だけだった。ブータンの東部を支配することで、インドのアルナチャル・プラデシュ州の支配も将来的に狙う中国の戦略と見られている。チベットを併合した中国がその気にさえなれば、人口80万の小国ブータンの併合は容易である。

ネパールでも、中国の影響力が拡大している。2020年には、親中派で知られるオリ首相がインドとの係争地帯を自国領とする新しい地図を発表し、インド政府を激怒させた。この場所は中国とインドとネパールの3ヵ国の接点となっており、戦略的に重要である。インドがネパールに対して国境封鎖などの傲慢な姿勢を貫いてきたのに対し、中国政府はネパールの連立政権が崩壊しないように、裏で支援を行った見返りであったと見られている。21年にオリ政権は崩壊して、親インドのネパール会議派のデウバ政権が誕生したが長続きせず、22年12月には親中色の強いネパール共産党毛沢東主義派のプラチャンダが首相となり、インドにとって再び懸念すべき事案となっている。

バングラデシュもインドの市民権改正法を「イスラム教徒への差別」として反対しており、その間隙を突くかのごとく、中国がインフラ整備のための支援を拡大している。ネパールと同様に、インドが油断しているうちに、バングラデシュも中国の一大支援先となっていた。

南アジアで中国の影響が一番顕著なのは、スリランカである。2009年に中国の軍事援助に助けられて内戦を終結させたマヒンダ・ラジャパクサ政権は、それ以降中国への傾斜を急速に強めていった。ラジャパクサ政権に代わって成立したシリセナ政権は、中国からの依存脱却を試みたもののうまくいかず、それはかりか17年には7年前に完成したハンバントタ港を中国に99年間リースする契約を結ぶ羽目となった。スリランカ南部のハンバントタは、中国の推進する「一帯一路」の要所で、港の軍事目的での利用が懸念されている。

2021年11月、ゴタバヤ・ラジャパクサ大統領は、コロンボ港東側のコンテナ・ターミナルの使用権を中国に与えることを決定した。コロンボ港はハンバントタ港より遥かに大きいスリランカ最大の港であり、コンテナ・ターミナルは、日本とインドが共同して開発する計画を進めていたものである。08年までスリランカに対して最大の援助国であった日本は、このことによって見事なまでに裏切られた形となった。中国はコロンボ港の傍に「ポートシティ」と呼ばれる商業地区も開発している。ロンドン市内と同じ面積の広大な土地開発に関して、憲法を無視した中国への特例がスリランカ政府によって与えられ、スリランカの国会でも問題となったが、多数派の与党が押し通した。

2022年5月、外貨不足に陥っていたスリランカは、対外債務不履行を発表した。中国の援助がスリランカの対外借り入れ総額に占める比率は、公式には1割、非公式なものも含めて2割と言われており、その後の債務再編への対応をめぐって、中国とインドと米国が対立することとなった。スリランカがＩＭＦから金融支援を受ける条件として、中国が他の貸し手と同じようにスリランカ向けの債務編成に応じることが求められているが、中国との交渉は難航した。

２０２０年に入ってスリランカの外貨不足が深刻になって以来、インドは一貫して支援してきた。インド南部のタミル・ナドゥ州の民族（タミル人）はスリランカのタミル系住民と同じ民族であるため、インド政府は国内のタミル人の感情に配慮するところが大きい。しかし22年8月にはスリランカ政府が、中国がその租借地ハンバントタ港に「調査船」を寄港させることに許可を与え、それに抗議したインドはスリランカ支援を停止した。中国がインドの弾道ミサイルや人工衛星などの監視を目的として「調査船」を入港させたとしてインドが警告したにもかかわらず、スリランカが中国の船の寄港を許可したのは、IMFとの交渉における中国の協力が不可欠であったからと考えられる。23年3月、IMFの理事会でスリランカに対する4年間で総額約30億ドル（３９００億円）の金融支援パッケージが承認されたが、先行きはまだ多難である。南アジアで中国の影響力が強まる中、周辺国をそれまでさほど重視してこなかったインド外交は、岐路に立たされた。

2　ロシアと米国

ロシアとの信頼関係

インドの外交を理解するためには、中国だけでなく、ロシアや米国との外交関係を理解することが必須である。インドはロシアを「特別で特権的な戦略パートナー」と位置づけ、両国首脳は毎年相互に相手国を訪問している。日本にとって首脳が毎年相互に訪問する数少ない国の一つがインドであるように、インドにとっても首脳が相互に相手国を訪問する取り決めとなっている国は、日本以外にはロシアくらいである。たとえその経済力が低下していても、長い期間を通してロシアが得た信用と両国間の絆は、補って余りある。

冷戦時代にインドは「非同盟」の方針をとりつつ、ソ連との友好関係を維持して武器を購入してきた。1962年の印中紛争と同じ頃、中国とソ連の関係が悪化するにつれて、中国との国境問題を抱えるインドにとって、ソ連の軍事的重要性はさらに強まった。

1971年の第3次印パ戦争（バングラデシュ独立戦争）の時には、地政学的な観点からインドよりパキスタンを重視した米国がインド洋側に、印パの旧宗主国である英国がアラビア海側に、それぞれ戦艦を派遣してインドを牽制した。それに対して、インディラ・ガンディー首相の呼びかけに応じたソ連は、戦艦をインドにいち早く派遣してインドを守った。これがなければ、インドがパキスタンに勝利して、バングラデシュがパキスタンから独立することもなかったかもしれない。

1998年のインドの核実験の時にも、ロシアは黙認を続けて、経済制裁を科さなかった。

国連安全保障理事会常任理事国のロシアは、インドをそれ以外にも様々な場でサポートしてきた。インドはロシアへの恩を忘れておらず、それがロシアのウクライナ侵攻に対する国連の非難決議への棄権という態度にもなって表れた。

国連安全保障理事会におけるロシアの役割は、インドがパキスタンに対して万一軍事行動を行った際に重要なものとなるという期待も、インドにはある。2016年と19年にカシミールでパキスタンのテログループのテロがあった際、インドはテロ組織の拠点を攻撃した。万が一パキスタンに対してインドが軍事行動をとらざるを得なくなった場合には、軍事作戦実施のための時間稼ぎが必要である。その際ロシアが国連で拒否権を行使してくれれば、反インドの決議は採択されない。1971年の印パ戦争の際にも、ソ連はインドの軍事行動に対する非難決議に拒否権を行使し続けてインドを助けた。

経済面でも、社会主義型の経済開発に失敗して外貨の不足に悩んでいたインドは、旧ソ連とルピー建ての決済で貿易をすることが許されたことで、鉄鉱石や紅茶などをロシアに輸出してきた。1991年のソ連邦崩壊後も、インドはロシアと一貫して友好的な関係を続けており、1998年のインドの核実験に際しても、ロシアはインドを批判しなかった。

ロシアは原子力発電所をインドで建設している唯一の外国でもある。2011年10月には、タミル・ナドゥ州クダンクラムで、福島と同じ事故の発生を恐れた地元住民7000人が原子力発電所建設に反対し、抗議のハンガーストライキを行った。しかし、ロシアは建設計画を続行した。インドと原子力協定がありながら、米仏韓や日本などの他国が原子力発電所の建設を行っていないのと対照的である。

軍事力の供給

ロシアはインドの主要武器供給元である。近年その比率は減少傾向にあるとはいえ、過去数年間のインドの兵器のハードウェア購入の6割以上がロシア（旧ソ連）製で、正面装備（戦闘の最前線に立つ戦車、戦闘艦艇、戦闘機）には、特にロシア製が多い。「ロシアからの部品供給が止まれば、インドの戦闘機は早晩飛べなくなる」とインドの外務次官が公言したほどである。

2018年のプーチン大統領の訪印時、インドはロシアと地対空ミサイルS‐400を5基55億ドル（7150億円）で購入する契約を結んだ。米国は自国のロシア制裁法に基づきS‐400を導入したトルコに経済制裁を発動しているが、「クアッド」の一員であるインドに対して制裁を科すのは得策ではない、という考えから対印経済制裁は発動されなかった。

最新技術を出し惜しんできた米国と違い、ロシアは最新鋭の兵器や技術を惜しみなく供給してきた。軍需産業は「メイク・イン・インディア」政策の一つの柱であり、この分野におけるロシアの対印投資は技術やノウハウの移転にもつながっている。ロシアの技術をもとに共同開発したインド製の国産ミサイル「ブラモス」（ブラはインド、モスはモスクワのモス）は、将来的にインドの兵器輸出を担うものとして期待されている。すでにインド政府は、ベトナム、フィリピン、インドネシアに対して商談を持ち掛けており、南アフリカの防衛展示会でも、展示がなされている。ウクライナ侵攻後の2022年10月、バンガロール（ベンガルール）で行われたインドの防衛展示会では、ロシアの展示ブースにロシア製兵器を展示する一方で、インドとロシアの合弁企業を「インド企業」として参加させることで、西側諸国の批判とボイコットを免れるという一幕もあった。

ロシアはインドに対して「印中間で戦争があった場合には中立を保つ」と伝えており、一方で兵器の供給は継続すると見られている。インドでは、中国と大掛かりな戦争になった場合に軍事的に頼りにできるのはロシア（とイスラエル）だけであろう、という考え方もあるほどだ。

一方で、ロシアにとってのインドの重要性も小さくない。インドはロシアの武器の大口顧客であるだけでなく、中央アジアの旧ソ連邦諸国における中国の影響を減らすための役割が期待されている。ロシアはインドを上海協力機構の正式メンバーに招いている。これは、日本が「東アジア共同体」にインドを招き入れたことと似ている。

反米という観点もあって「中国の格下パートナー」として中国陣営の一員とみなされることも多くなってきたロシアであるが、実はロシアにとって、インドの方が中国よりも信頼できるパートナーである。プーチン大統領は、2018年に続いてコロナ禍の最中の21年12月にも訪印している。新型コロナウイルスの感染拡大以降外遊を手控え、中国訪問も北京オリンピックの時まで延期したプーチン大統領だが、インド訪問だけは延期しなかった。ロシアから見ると、旧ソ連邦の国々がNATOに加盟していく中で、「クアッド」の一員であるとはいえ、非同盟外交を掲げるインドとの関係性を強化することは重要である。

ウクライナ戦争の影響

2022年2月24日のロシアのウクライナへの一方的な侵攻は、全世界に衝撃を与えた。国連安全保障理事会では、ロシアを批判して即時撤退を求める決議の採決を行ったが、インドは中国、UAEと並んでこれを棄権した。その後も国連の非難決議でインドの棄権は続いた。

ウクライナ侵攻と欧米の経済制裁後、ロシアはインドに対し、原油を大幅な割引価格で売却することを持ち掛けた。インドはロシア産原油を1バレル当たり35ドル（4550円）という大幅な値引き価格で購入する契約を結んだ。かつてインドのマンモハン・シン政権が、米国の圧力からイランの安価なエネルギーの調達を断念せざるを得なかったのとは、大きな違いであった。インド国内では「今回のウクライナ危機はロシアと西側の戦いであり、インドがロシア産原油の購入を手控える必要はない」という世論が強く、米国の国務省の理解も得た上で、インドは決断したという。

その後もインドはロシア産の原油輸入を増やしており、ロシアがインドの原油総輸入に占めるシェアは、2021年の1%から23年には25%にまで増加した。ロシアからの原油購入代金の決済の多くはドルで行われてきたが、ルピーとルーブルによる決済を行うという計画も出てきている。西側諸国からの経済制裁で輸入が止まり、ロシアでは中国だけでなく、インドからの代替品の輸入を計画しており、ロシアとインドの間の自由貿易協定の可能性についての報道も出てきているなど、苦境に陥っているロシアとインドとの絆は強まっている。

インドのモディ首相にとって、ウクライナ戦争長期化の懸念は、国内のインフレ問題である。インドではロシアのウクライナ進攻後、エネルギーや小麦など物価が上昇し、庶民の生活を圧迫した。インフレ率は支持率に直結する問題であるだけに、2024年春に総選挙を控えるモディ首相にとっては重大な問題である。2022年9月のSCO首脳会議におけるプーチン大統領との首脳会談でモディ首相は「今は戦争の時代ではない」と述べ、この模様はニュースとなった。ロシアとの関係がいくら重要でも、戦争の長期化には我慢も限界という雰囲気が見てとれた。ただし、この発言からロシアとインドの関係が変化しつつあるという見解も一部にはあるようだが、これまで述べてきたような両国間の強い信頼関係を考えると、その関係が変化していくとは考えにくい。

米国に対する感情

長年にわたって信頼関係が培われたロシアと比べて、インドにおける米国の信頼度は高くない。これは歴史的ないきさつによるものである。

1962年の印中紛争において、米国のケネディ大統領にインディラ・ガンディーが期待した軍事支援は実現せずに終わり、その後インドは対米関係強化に乗り出したものの、66年にはパキスタンとの関係悪化を理由に米国からの援助が打ち切られ、これに同調した世銀は対印援助を大幅に削減した。このためインディラ・ガンディーは米国と距離を置いてソ連へ接近した。71年の第3次印パ戦争で米国は、インド洋に戦艦を派遣してインドを牽制し、パキスタンの支援に回った。当時の米国は、インドよりも中東に近いパキスタンの方が重要だと考えていたのである。91年の旧ソ連崩壊後も、米国との関係が大きく改善することはなかった。98年のインドの核実験に当たっても、ロシアと米国の対応は対照的であった。

潮目を一時的に変えたのは、2001年9月11日に米国で起きた同時多発テロであった。

この年に発足したブッシュ（子）政権は、対テロ戦略の一環として、インドを重視した。07年7月にはインドとの原子力協定が妥結された。この頃は米印関係の黄金時代であった。インドはイスラム過激派のテロが中東からパキスタンを経てバングラデシュから東南アジアまで及ぶのを防ぐ防波堤になると考えられた。

しかし、次のオバマ政権では中国が重視され、米国におけるインドの重要性は再び低下した。先に述べたように、インドがイランからエネルギーを輸入しようとした時も、米国オバマ政権の干渉で中止に追い込まれた。イランからインドへ天然ガスのパイプラインを引く計画も、暗礁《あんしょう》に乗り上げた。イランはインドの友好国であると同時に米国の敵国であり、選択を迫られたマンモハン・シン政権は、イランとの取引を諦めざるを得なかった。後述する2021年8月の米国のアフガニスタン撤退は、インドのこうした対米不信をさらに大きなものとした。

経済摩擦と人権問題

2017年に発足したトランプ政権では、貿易摩擦問題が深刻化した。米国はインドにとって最大の輸出先でかつ最大の貿易黒字国である。輸出入を合わせた貿易総額で見ても米印貿易は印中貿易とほぼ同じ規模にある。インドの貿易は中国から輸入、米国へ輸出という構図になっているため、インドにとって米国への輸出拡大は雇用創出の観点からもきわめて重要である。

インドから米国への主な輸出品目は、宝石・貴金属、繊維製品、医薬品（主に後発薬）、化学品（低価格帯のものが主体）となっている。中国ほどではないにせよ、米国にとってインドは不公平な貿易相手であり、トランプ大統領はインドのことを「タリフ・キング（関税の王様）」と喩えて、関税引き下げと市場開放を強く求めてきた。バイデン政権になって市場開放への圧力は若干減ったようにも見られるが、米印貿易協定に向けた交渉は止まったままである。この協定における米国の対印一般特恵関税制度（GSP：先進国が途上国から輸入を行う際に関税率を引き下げる制度）の適用回復が遅れている大きな理由は、農業や医療機器の分野におけるインドの市場開放が、米国から見て満足のいく状態ではないことである。

バイデン大統領が提唱したインド太平洋経済枠組み（IPEF）には、インドは貿易以外の3つの柱には参加したものの、貿易の柱にはオブザーバー参加のみにとどまっている。これは、環境や労働、デジタル貿易、公共調達などの点がインドにとっての障害となっているためである。インドが「オブザーバー」として参加しているのは、米印貿易協定の交渉へ向けたバーター取引を狙っているのでは、という見方もあるが、道のりは容易でなく見える。

インド人エンジニアに対する労働ビザも問題となっている。トランプ政権はH-1Bビザ

（外国人労働者が米国企業で働くための特殊技能ビザ）を与える審査を厳格化し、米国に派遣されたインド人駐在員に支払われる法定の最低賃金を大幅に引き上げた。米国での売上比率の高いインドのIT産業は長期出張者を米国に多数送り込んでいて、H－1Bビザの4人に3人がインド人を対象に発行されていただけに影響は大きかった。2023年6月のモディ訪米でH－1Bビザの更新要件が緩和されるまでは、ビザの更新にも手間と時間を要していた。

2021年に民主党のバイデン政権が発足すると、今度はモディ首相とBJPが最も嫌う人権問題への干渉が始まった。バイデン大統領と、インド系のハリス副大統領は、市民権法やカシミールの自治権問題についてインド政府に抗議を繰り返し、2023年のモディ訪印でその流れが変わるまで米印関係の大きな問題であり続けた。

それでなくても、ヒンドゥー至上主義のBJPは米国と折り合いが良くない。米国の熱心なキリスト教徒に支えられている保守派は、BJPのヒンドゥー至上主義に批判的だし、リベラル派は、カシミールにおける人権問題を理由にイスラム教国家のパキスタン寄りである。

インドにとっての米国の信頼度は、コロナ禍でも試されることとなった。2021年3月のコロナ禍におけるオンラインの「クアッド」首脳会談では、インドのワクチン輸出に関する協力の議論がなされていたが、2ヵ月後にインドを第2波が襲ってきた際、バイデン政権はワクチン製造のために必要な原料のインド向け輸出に許可を出し渋った。

こうした米国をインドが信頼することは難しいというのは容易に理解できる。多くのインド人は、日本がインドの「友人」であるのに対して、米国は「パートナー」にすぎないと考えている。それも米国が都合のいい時だけ必要としてくる「パートナー」である。プライドの高いインドでは、米国の格下パートナーになりたくないという考えも根強い。

もしインドがロシアを敵に回しても米国ブロックに加盟するためには、米国が中国からインドを守るということが確実でなければならない。しかしそのようなことが実現しなければ、米国ブロックにいながらも、インドは万一の場合に、中国だけでなくロシアとも戦わないといけなくなる。中国とロシア、そして中国の同盟国パキスタンを同時に敵に回してインドが一国で戦うことになった場合の結果は、誰の目にも明らかである。米国のブリンケン国務長官は、かつて訪印の折に「印中間に万一のことがあっても米国は助けに来ない」と非公式に伝えたと報道されている。2020年6月の印中のガルワン渓谷での衝突に際しても、米国は駐独米軍の一部をアジア方面に回して中国を牽制したが、それ以上の対応はなかった。

中国の台頭と米印関係

こうしたことからインドの有識者の中には、米国に頼るのではなく「非同盟中立」を国是と考える向きが今でも多い。古い世代にそれは特に顕著である。彼らは「八方美人的な外交を展開してきたことで、米中対立時には漁夫の利を得られた。中国主導のアジアインフラ投資銀行（ＡＩＩＢ）の融資も受けられたし、ＢＲＩＣＳ（ＢＲＩＣｓ）会合や上海協力機構（ＳＣＯ）への参加によって、米国との交渉も有利に進めてきた」と考えている。

しかし、中国の台頭とともに、米国にとってインドの重要性は高まってきており、バイデン政権下では軍事的な関係強化が進んでいる。２０１６年以来、米印両国はＬＥＭＯＡ、ＣＯＭＣＡＳＡ、ＢＥＣＡといった情報、兵站《へいたん》、通信分野での協力に関する重要な軍事協定を締結している。20年10月と22年4月には米印２プラス２（外務・防衛担当閣僚協議）が行われ、21年10月にはアラスカ、22年11月にはインドのアウリにて共同軍事演習が行われている。このアウリは、20年6月に印中の衝突のあったラダックの南のウッタラカンド州の中国国境沿いにある。中国を刺激しかねないこの場所での共同演習が行われたことは、一向に改善しない印中関係とともに、米国の重要性がインドにとっても高まりつつあることの表れであった。

モディ首相の訪米と米印関係の新段階

米国のインド重視の姿勢が決定的に明らかになったのは、２０２３年6月のモディ首相の国賓としての訪米であった。6月22日のホワイトハウスの歓迎式典で、モディ首相は７０００人のインド系米国人から大歓迎を受け、その後米議会の上下両院合同会議で自身7年ぶり

2度目の演説を行って、共和党と民主党の双方の議員から大喝采を浴びた。
議会演説でモディ首相は、米印の二国間関係が「今世紀を決定づけるパートナーシップだ」というバイデン大統領の考えに同意する」と述べ、さらに中国の軍拡を念頭に置いて「威圧や対立という暗雲がインド太平洋に影を落としている。地域の安定が我々のパートナーシップの中心となる関心事の一つとなった。米印は『自由で開かれた包摂的なインド太平洋』というビジョンを共有している」と強調した。モディ首相は議場から万雷の拍手を浴び、時折「モディ、モディ」の掛け声も巻き起こり、演説後にサインを求めに近寄ってくる米議員もいたほどの盛り上がりであった。

バイデン大統領とモディ首相の首脳会談後の共同声明では、多くの発表がなされた。それらは、テクノロジー（宇宙開発、半導体）、防衛（次期戦闘機エンジンの共同開発、米海軍艦船のインドにおける修理、米国製ドローンの調達）、環境（グローバル・バイオ燃料同盟、グリーン・テクノロジー投資）、戦略的関係（ウクライナ復興）、自由貿易（WTOで係争中の6つの紛争の終結、対米関税の一部撤回）、人的つながり（インド人技能労働者のビザ発給・更新要件の緩和、新たな領事館の設置）などである。

この中でも最も注目されるのは、防衛パートナーシップである。米ゼネラル・エレクトリック社（GE）とインドの国営企業ヒンドゥスタン・エアロノーティクスがインドで戦闘機エンジンを共同製造する覚書を締結したほか、米海軍艦船のインドの造船所における保守・修繕、米国の偵察監視ドローン「MQ9Bシー・ガーディアン」のインドにおける組み立ても発表された。

議会演説で「近年AI（人工知能）が発達した一方で、もう一つのAIが進んだ。それはA（アメリカ）とI（インド）の関係だ」と述べたモディ首相に対して、バイデン大統領は「将来はAI（アメリカとインド）だ」と書かれた真っ赤なTシャツをプレゼントした。これは、米印関係が新しい段階に入ったことを感じさせる一幕であった。

異例の厚遇の背景にあるもの

バイデン米大統領が同盟国以外の首脳を国賓として招いたのは、インドが初めてであった。わずか数ヵ月前まではウクライナ問題でロシアに対するインドの姿勢を非難し、人権問題でインドを批判し続け、駐印米国大使も2年間欠けたままであった米国の方針転換ともいえるほどのモディ首相の厚遇は、インドだけでなく世界中の注目を集めた。米国がモディ首相を異例の厚遇で迎えて、「米印新時代」を演出したのは、一にも二にも、中国の軍事的な台頭に対してインドの協力を必要とすると米国が考えたからであろう。

米国はこれまで、ウクライナ問題をめぐりインドに対して反ロシアの立場を取るように度々圧力をかけてきたが、効果がないことを悟ったように見えた。圧力をかけても効果がないのであれば、レッドカーペットでモディ首相を上機嫌にさせて、インドを少しでも自陣に近づけ、そのことによって中国やロシアからインドを引き離し、軍事産業との関わりにインドを引き寄せようと考えたようである。「グローバル・サウス」と呼ばれる新興・途上国のリーダーを自任する20ヵ国・地域（G20）議長国インドの動きも、米国を不愉快にさせるのではなく、インドへの米国の接近を加速させることに貢献したようだ。

一方のインドは、自らの中立的な外交スタンスを変えることなく、「先端軍事技術」という喉から手が出るほど欲しいものを米国から手に入れる目的の成就に近づいた。ウクライナ戦争の長期化とともに、インドではロシアからの軍事装備品の調達に遅れが出ており、ロシアからの原油輸入のルピー建て決済も難航している。中国との領土問題が一向に解決に向かわない中で、インドでは軍事装備品の調達の多様化が望まれており、米国の今回のインド接近は「渡りに船」であった。長期的に見てロシアに将来性がないと思い始めたであろうインドは、今後有望な米国（やフランス）の軍事技術を基にして、自国の軍事産業を強化したいところである。

首脳会談後の共同声明では「威圧的な行動や緊張の高まりに懸念を表明し、力による一方的な現状変更に強く反対する」と明記された一方、ウクライナでの「紛争への深い懸念」は表明しながらも、ロシアを直接的に批判する文言は盛り込まれなかった。「戦略的自立性」を外交方針に掲げるインドにとって、安価なロシア製の原油供給に加えて、米国の先端軍事技術の移転を取り付けたことは、大きな外交上の成果であった。

当初懸念されていたインドの人権問題に関しても、70名の米議員が事前にバイデン大統領に意見書を提出していたにもかかわらず、首脳会談では大きな問題とならず、モディ首相は米国の記者団との会見にも応じる異例の姿勢を見せて対応した。普段モディ首相に批判的な米国のメディアも「モディ首相の議会演説に一部の米議員が欠席した」と報じたのにとどまった。インド国内でもモディ首相訪米の成功を受けて、米国の好感度が上がりつつある。

低い米国陣営参加の可能性

とはいえ、今回の米印首脳会談をもって、インドが近い将来に米国陣営に加わるという淡い期待を持つことは禁物であろう。上に述べたようなこれまでの経緯から、インドにとって米国は、依然として信頼できる国とはいえない。インドはそのあたりも十分考えた上で、米国から取れるものを取ろうという算段であろう。

一方の米国では、2024年11月の大統領選の結果次第ではウクライナへの全面的な支援方針が変わり、ウクライナ戦争の情勢やロシア国内の情勢が変化する可能性もある。そうなると、インドをロシアから引き離す必要性と、「グローバル・サウス」のリーダーを自任するインドの米国にとっての重要性にも変化が生じるかもしれない。

さらに重要なことに、いかに将来性に乏しくても、インドにとってロシアを敵に回すことは不可能であることは、すでに述べた通りである。そもそも中印関係において中立の立場を取り、インドに兵器を供給しているロシアを敵に回すようなことはできるはずがなく、このことは、米印関係が強固なものとなっても変わりはない。

米国のブリンケン国務長官も公に認めているように、「歴史的に」培われたインドとロシアの関係を簡単に変えることは容易でない。これは、中国に過大な直接投資を行った日系企業がサプライチェーンの再構築に苦労していることと、似ていなくもない。

インドと米国が中国を問題視するその理由も、必ずしも一致しない。米国にとっての中国の問題は、南シナ海や台湾問題、最先端半導体技術の軍事利用であるのに対して、インドにとっての中国の問題の大半は、ヒマラヤ山脈を挟む領土問題である。

非常に長期的な視野で見ると、インドが中国に近い経済規模となり、ロシアの地位が大きく低下し、インドが米国陣営に事実上加わるような動きが見えてくるかもしれないが、それはおそらく今世紀後半まで待たないといけないであろう。その場合でも、プライドの高いインドが米国のジュニア・パートナーになるとは考えにくく、インドがこれまでの非同盟中立外交から逸脱するとは考えにくい。

こうしたことから、インドは米国陣営に参加するのではなく、これまでのような「戦略的自立性」の外交を基本としつつ、その範囲内でロシアを刺激することなく、徐々に米国への接近を強めていくと考えるのが妥当な見方である。2018年から22年のインドの兵器輸入先に占める米国の比率は11%にすぎなかったが、その比率は徐々にそして確実に上昇し、米国の軍事技術のインドへの移転も加速していくであろう。「自分の国は自分で守る」という意思を持つインドが欲しているのは、有事の際の他国からの軍派遣よりも、有事に備えた自国の軍の強化であり、その意味でたとえ同盟国でなくてもインドにとっての米国の重要性はこれからさらに増していくであろう。

日本にとって東南アジアが製造業（ハードウェア）のグローバルチェーンの要であるのと同じように、米国にとってインドはソフトウェアのグローバルチェーンの要といえる。米国が世界のリーダーである最先端のソフトウェア技術は軍事産業を支えており、それを支えているのがインドであることを考えれば、このソフトウェアにおける米印の結びつきがビジネス面だけでなく国家戦略の上でも極めて重要なことは容易に理解できる。

米印両国は既に「米印重要新興技術イニシアチブ」（iCET）を立ち上げて、この枠組みを中心に、半導体、重要鉱物、通信、宇宙、量子技術、人工知能などの分野で協力を進めている。半導体分野では米国のマイクロン・テクノロジー、アプライドマテリアルズ、ラムリサーチの各社がインドへの投資を進めているし、グーグルやアマゾンなどのテック企業も対印投資をさらに増やす計画を発表している。今回のモディ訪米に合わせて、２０１０年に成立したインドの原子力賠償法（第５章）や採算確保への懸念のため原子力建設所建設に二の足を踏んでいたウエスチングハウスも、ここに来て前向きな意向を表明している。中国とロシアを念頭に置いて、米印関係が今後ますます戦略的なものとなっていくことは間違いない。

３　対パキスタン情勢とアフガニスタン問題

敵国パキスタン

インドにとって最大の敵国は、隣国パキスタンである。１９４７年８月14日、インド独立に１日先駆けてパキスタンは英領インドから独立した。この分離独立の際には、１２００万人以上が故郷を離れてインドから東西パキスタン（東パキスタンは現在のバングラデシュ）へ徒歩での移動を余儀なくされ、数十万人に及ぶ死者が出たと言われている。

このインドとパキスタンの分離独立に際して、当時のカシミール藩王ハリ・シンは自らはヒンドゥー教徒、住民の8割はイスラム教徒という立場にあり、独立を考えていたものの、パキスタンが武力介入したためインド政府に派兵を求め、インドへの帰属に落ちついた。

インドとパキスタンは、これまでに3度の戦争を行っている。第1次印パ戦争は1947年12月、カシミール藩王国の帰属をめぐって発生した。国連の仲介で停戦となり、停戦ラインによってカシミールは分割され、大部分はインド領となった。第2次印パ戦争はインドが実効支配していたカシミールの完全統合を宣言したことにパキスタンが反発し、65年に再びカシミールで起き、66年にこれも米ソの国連での働きかけによって停戦した。背景には、3年前の中印国境紛争でインドが敗北し、弱体化していたことがあった。

第3次印パ戦争（バングラデシュ独立戦争）は1971年12月に東パキスタンで起きた。当時のパキスタンは、インドを挟んで東西パキスタンで構成されており、抑圧された東パキスタンが西パキスタンから独立するのをインドは支援した。この戦争では、ソ連の支援を受けたインドの圧勝という形で、わずか2週間でインドが圧勝し、東パキスタンはバングラデシュとして独立した。

1999年には、カシミールのカーギル地区でパキスタン軍とカシミールの反インド政府活動家が停戦ラインを越えてインド軍の駐屯地に侵入し、カーギル紛争が起きた。さらに2001年12月にはインドの国会議事堂襲撃事件が起き、インドとパキスタンによる史上初の核戦争が起きるのではないかとさえ、一部では言われた。それでも外交努力の結果、03年に停戦が合意され、デリーとラホールの間を結ぶバスの運行が始まった。しかし、08年11月26日にはムンバイで同時多発テロが起き、印パの緊張は再び高まった。このムンバイ同時多発テロでは、外国人向けの高級ホテルやレストランや鉄道駅など複数の場所が、パキスタンから不法にボートで入国したイスラム過激派と見られる勢力に襲撃され、多数の犠牲者が出た。

2015年11月、モディ首相はパキスタンのナワーズ・シャリフ首相と交渉再開に合意し、12月にはパキスタンを事前予告なしで電撃訪問した。こうして外交関係は改善するかに見えたが、16年9月にはカシミールのインド軍基地に対するテロ攻撃があり、インド軍の兵士19名が死亡し、外交関係改善への道はまたも暗礁に乗り上げた。19年2月には、カシミールのプルワマで自爆テロ事件が起き、それに対する報復として、インド空軍が48年ぶりに管理ラインの国境を越えてパキスタン国内へ空爆を行った。カシミール問題に関するインドとパキスタンの国際社会に対する立場は、インドは国連などの国際社会が関与すべきではないという立場であるのに対し、パキスタンは、国際社会が関与することを期待しており、正反対となっている。

パキスタンとのこうした不安定な関係は、インドから見ると常にリスク要因となっている。現在のインドとパキスタンの軍事力の差は、10倍近くある両国のGDPの差ほど大きくない。

インドは140万人の兵士、3565台の戦車、9719台の大砲、814機の戦闘機、130から140の核兵器を持つのに対して、パキスタンは65万人の兵士、2496台の戦車、4472台の大砲、425機の戦闘機、140から150の核兵器を所有している。それでなくても両国は核保有国であるため、「核抑止力」という点でパキスタンはインドに対抗できる。さらに重要なことには、パキスタンは中国の数少ない正式な同盟国の一つであり、万が一の際は中国から軍事支援も受けられる。

米軍の唐突なアフガニスタン撤退

パキスタンの西側に位置するアフガニスタンの問題も、インドにとっては重要である。2021年8月の米軍の唐突なアフガニスタン撤退とタリバン政権の成立は、インドに大きな衝撃を与えた。01年にアフガニスタンに米国の傀儡《かいらい》政権が成立して以降、インドの宿敵パキスタンを西側から牽制することが可能になり、インドは親米国アフガニスタンに巨額の経済援助を行ってきた。あまり知られていないが、アフガニスタンは長い間インドにとってブータンに次ぐ第二の援助先であった。過去20年間にインドがアフガニスタンに支援した金額は、3000億ドル(39兆円)に及ぶ。

援助案件の数は400に及ぶが、その中でも最も重要な案件は、アフガニスタン西部のデ

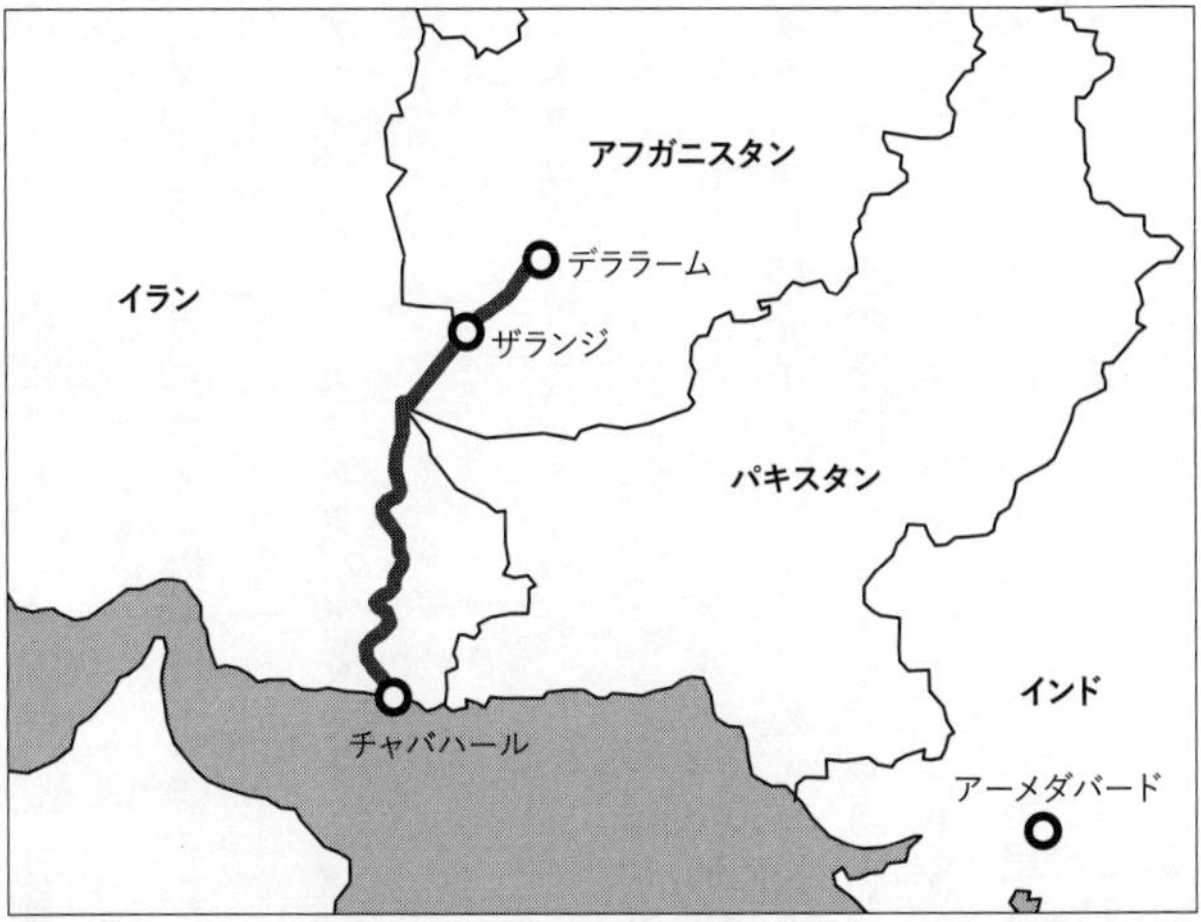

図6-2　インドの援助によるアフガニスタン～イランの高速道路
出典：Google Mapなどをもとに作成

ララームと、イランと国境を接するザランジ間の２１８キロを結ぶ幹線道路である。これは、イランのチャバハール港とインド西部のグジャラート州の間を航路で結び、パキスタンを経由することなくアフガニスタンへ至るための戦略的ルートである（図6-2）。このチャバハール港は、中パ経済回《かい》廊《ろう》（ＣＰＥＣ）の要であるパキスタンのグワダール港に対抗してインドが建設を進めてきた港湾で、ここからインドのグジャラート州まで航路で輸送できる。一時は日本企業の参加も期待されていた。

カブールの国会議事堂も、インドが９０００万ドル（１１７億円）を費やして、新しく建設したものである。２０１５年には開所式に出席するため、モディ首相がアフガニスタンを訪問した。国会議事堂の建物の一つはインドの元首相バジペイの名前を冠している。

米軍のアフガニスタン撤退は、こうしたインドの対アフガン政策の努力を全て水泡に帰す結果に追い込んだ。タリバン政権発足により、これまでの巨額の支援が無駄金となっただけでなく、対アフガニスタン外交も全くのゼロから出直しとなったインド政府の徒労感は、想像に余りある。

アフガン情勢とパキスタン

アフガニスタンにおけるタリバン政権発足は、インドの敵国パキスタンに千載一遇のチャンスをもたらした。それまで外交的にも経済的にも窮地に追い込まれていたパキスタンは、タリバン政権発足後、米国を始めとする先進国の注目を受けることとなった。米国はアフガニスタンからの米国人の救出やテロ対策などで、パキスタンを頼らざるを得ない状況となった。アフガニスタンのテロ組織ＩＳＩＳ-Ｋに対する爆撃は、パキスタンの基地から行い、カブールの空港からの米国関係者の救出は、パキスタン国際航空が手伝った。したたかなパキスタンは、米国をアフガニスタンにおけるテロ対策の「パートナー」として利用できるだけ利用したいと考えたように見える。英国、ドイツ、イタリアなどの外相が相次いでパキスタンを訪問するのを、インドは悔しい気持ちで見ていたに違いない。

さらに悪いことに、米国がアフガニスタンに残していった兵器の一部はパキスタンに流れているし、資金不足に悩むアフガニスタンのタリバンが、最先端の米国製兵器をパキスタン国軍に横流しすることも少なくないと思われている。2022年夏には、洪水に見舞われたパキスタンの支援の一環として、米国がF16戦闘機のメンテナンスのための資金4億5000万ドル（585億円）を供与したが、このことも、インド政府の神経を逆なでした。

ただし、タリバン政権樹立によって利を得たパキスタンも、手放しで喜べる状況ではない。アフガニスタン難民の多くはパシュトゥーン人（アフガニスタンとパキスタンに居住するイラン系民族で、アフガニスタンでは最大の人口を持つ）であり、その「同胞」1500万人はパキスタン北西部に居住している。

アフガニスタンのタリバンがパキスタン軍の思惑通り動かないことも、パキスタンの懸念材料である。2001年に米国の軍事攻撃で崩壊するまでアフガニスタンを支配していた当時のタリバン政権は、パキスタンの国軍と軍統合情報局（ISI）によって育てられ、米国とサウジアラビアとUAEの資金援助を得た、いわばパキスタンの傀儡政権であった。パキスタンの軍とISIがタリバンの後ろ盾になってきたことはパキスタン国内で公然の秘密で知識人は知っているが、一般大衆は知らされていない。

アフガニスタンのタリバン政権は、パキスタンの支援もあって米国の傀儡政権に対して勝利を勝ち取ったが、タリバン自体が進化を遂げて自主性を持ってきており、メンバーのパキスタンに対する考え方も様々である。アフガニスタンでは、タリバンを忌み嫌う多くの人々が、その背後にいるパキスタンに怒りを爆発させており、アフガニスタン人に嫌われたくないパキスタンのISIにとっては懸念材料である。

パキスタン国内におけるテロ激化の恐れも高まっている。日本ではあまり知られていないが、アフガニスタンのタリバンとパキスタンのタリバンは別物である。アフガニスタンのタリバンは、パキスタン軍の傀儡から始まって現在もある程度その影響下にあるのに対し、パキスタンのタリバンはパキスタン・タリバン運動（TTP）と呼ばれ、パキスタン国内のパシュトーン人をパキスタンから「解放」することを目指して、反パキスタン政府のテロ活動を行っている。米国支配時にアフガニスタンで刑務所に入れられていたTTPのメンバーも釈放されて、パキスタンでテロ活動を起こしつつある。

インドとパキスタンの関係は今後数十年にわたって大きく改善することはないであろう。インドの敵国パキスタンは中国の同盟国であるため、インドにとってはパキスタンだけでなく中国のパキスタンにおける動きも無視できない状況となっている。

4 「グローバル・サウスのリーダー」として

グローバル・サウスとは

2023年のG20議長国となったインドは、「グローバル・サウス」のリーダーとしての役割を発揮し始めた。それまで「グローバル・サウス」という言葉は、インドでもあまり使われていなかっただけに、急ごしらえともいえるこのインドの動きはやや唐突にも見えた。「グローバル・サウス」の明確な定義はないが、主に新興国や途上国の総称として用いられることが多い。「南北問題」とも言われるように、新興国や途上国の多くが南半球に位置することに由来し、実際に領土が南半球に位置しているかどうかにかかわらず、アジア、アフリカ、ラテンアメリカなどの新興国や途上国全般を意味することが多い（図6-3）。対義語として経済的に豊かな先進国を「グローバル・ノース」と呼ぶ。

「グローバル・ノース」と「グローバル・サウス」は地理的な分類ではなく、グローバリゼーションや新自由主義の文脈を考慮した上での分類である。東西冷戦の時代には、いずれの陣営とも距離を置いた「第三世界」を表現する時に使われた。

2022年2月のロシアのウクライナ侵攻後、西側諸国とロシアの対立が深まる中、民主

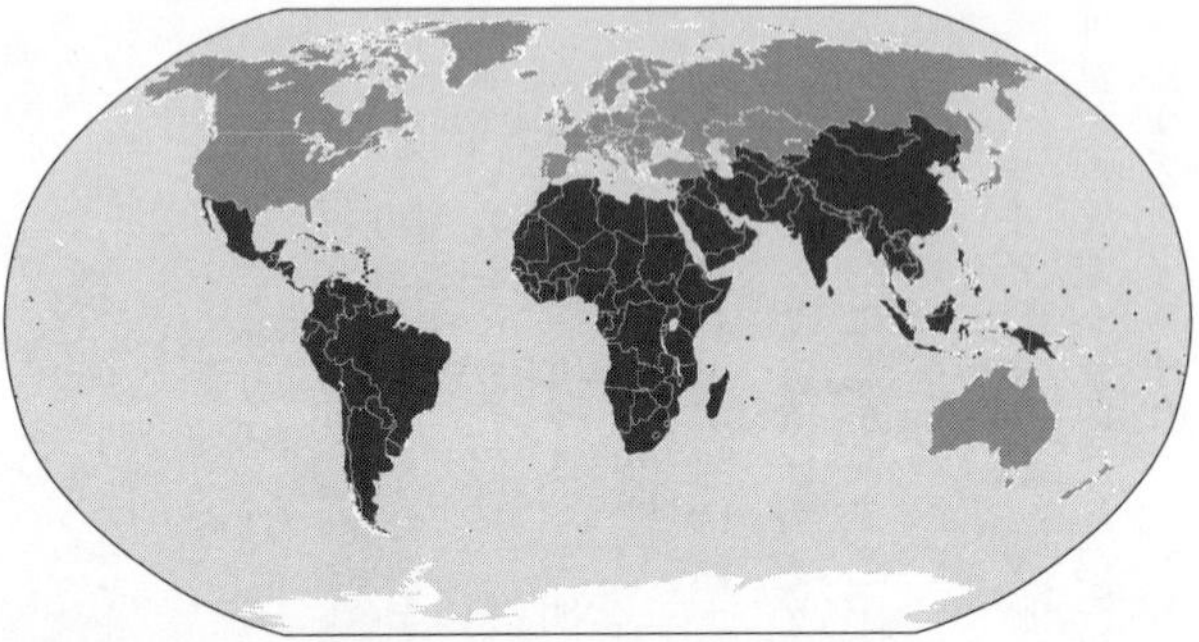

図6-3　グローバル・サウスの国々（濃い色の部分）
出典：OSED、WikiMedia commonsをもとに作成

主義と権威主義の分断の中で中立を貫くスタンスをとることで、グローバル・サウスの重要性は国際的に再認識されることとなった。ウクライナを支持する西側につくのか、軍事侵攻をしているロシア側につくのか、といった二分法ではなく、どちらにも与《くみ》しない国が、グローバル・サウスを中心としてかなりあることが明らかになったからである。侵攻直後に開催された3月の国連総会のロシアに対する非難決議採択では、193ヵ国のうちインドや中国を含む35ヵ国が棄権した。その翌月の国連総会緊急特別会合で、ロシアの国連人権理事会理事国としての資格停止を求めた決議採択の際には、さらに多い58ヵ国が棄権した。西側諸国にとっても、これらの棄権したグローバル・サウスの国々の重要性が増すとともに、グローバル・サウスのリーダーとも言うべき大国インドの国際政治における重要性が高まった。

まさにこの時期にG20の議長国となったインドは、その機会を十二分に活かすこととなった。本来、インドは2022年にG20会合の議長国であるはずであったが、インドネシアの要望で、22年の議長国がインドネシア、23年の議長国がインド、24年の議長国はブラジルとなった。これは今考えるとインド外交にとって幸運だった。G20は、08年のリーマンショックを契機として、G8（ロシアのクリミア侵攻後にロシアを排除してG7となる）に新興経済大国11ヵ国が加わり始まったもので、アルゼンチン、オーストラリア、ブラジル、カナダ、中国、フランス、ドイツ、インド、インドネシア、イタリア、日本、韓国、メキシコ、ロシア、サウジアラビア、南アフリカ、トルコ、英国、米国の19ヵ国と欧州連合（EU）の20ヵ国・地域の首脳会議である。G20は本来、国際的な経済協力を話し合う場だが、ロシアのウクライナ侵攻によって、安全保障上の対立が持ち込まれることとなった。

2023年のG20会合に議長国インドがメンバー国以外で招いているのは、バングラデシュ、モーリシャス、オマーン、シンガポール、UAE、エジプト、オランダ、スペイン、ナイジェリアとなっている。中国がインド洋で勢力を伸ばす中、インド洋に位置する国々をインドが重視していることは、この選別からも明らかである。

その中でもとりわけ重視されているのは、エジプトである。エジプトは、初代首相ネルーが非同盟中立外交を進めた際にはユーゴスラビアと並ぶその中心的存在であった。エジプトはスエズ運河を所有していることから、インドにとってエジプトとの外交強化を示すことは、中国に対する牽制にもなる。２０２３年のインド共和国記念日のパレードにも、エジプトのエルシーシ大統領が主賓として招待されており、同年6月にはモディ首相が訪米の帰路、エジプトを訪問した。

G20議長国としてのインド

インドのＧ20に対する入れ込みは、相当なものであった。モディ首相はシュリングラ前外務次官をＧ20の責任者（シェルパ）に任命し、２００以上ものＧ20関連イベントをインド各地の50以上の都市で行っていった。そのホームページやレポート、ＳＮＳの発信などを見ると、充実ぶりがよく見てとれる。デリーには巨額の資金を投じて、大規模な会議場を建設した。インド政府は、意見が重んじられないことが多い「グローバル・サウス」の国々と、Ｇ7やＧ20のメンバー国との密接な関係を保ち、インドがその橋渡し役となって、「一つの地球、一つの家族、一つの未来」をテーマに、世界の優先課題を解決する役割を果たしていく、と世界に向けてアピールしており、この意向はモディ首相のスピーチや日本の読売新聞への寄稿でも、色濃く現れている。

２０２３年1月12日～13日、インドは、「グローバル・サウスの声サミット」をオンラインで開催し、125ヵ国を招いた。サミットにおいてモディ首相は、「途上国にとっての現在の問題は、肥料（fertilizer）、燃料（fuel）そして食料（food）の『3つのF』である」と述べ、食料・エネルギー危機や気候変動を念頭に「問題の大半は途上国が作り出したものではないにもかかわらず、我々は大きな影響を受けている」と訴え、インドがそうした南の国々の声を伝える役割を担うことを明確にした。これまでもインドは、世界貿易機関（WTO）における多国間交渉や地球温暖化の国際会議の場で、こうした主張を繰り返してきたが、「グローバル・サウス」という言葉を聞いたことはあまりなかった。

インドのこうした動きをサポートするように、IMFのゲオルギエバ専務理事は、「G20の優先政策課題——一つの地球、一つの家族、一つの未来」と題し、「世界経済にとって不確実性が高まる中にあって、インドの好調ぶりは引き続き明るい材料である。全体的な数字を掘り下げると、勢いの大半が新興市場国と発展途上国によってもたらされていることがわかる。我々は、こうした国の成長が、今年の世界経済の伸びの約5分の4を占めることになると予測しており、インドだけで15%以上寄与すると見ている。しかし、世界の経済成長の原動力としての役割以外にも、インドは各国を結集できる稀有な立場にある。いくつもの課題と地政学的緊張の高まりに直面する世界において、そのリーダーシップは非常に重要であり、インドが議長国を務めるG20のテーマである『一つの地球、一つの家族、一つの未来』

に見事に集約されている」とインドを大きく持ち上げた。

難航するG20会議

議長国インドの意気込みにもかかわらず、G20会議は難航した。インドがG20議長国になる直前にインドネシアのバリ島で開かれたG20首脳会議では、首脳宣言が採択された。そこでは「ほとんどのメンバーがウクライナでの戦争を強く非難した」と明記されて、侵略が世界経済に及ぼす悪影響や国際法の順守、核兵器使用反対なども盛り込まれた。一方でその宣言ではロシアのウクライナ侵攻に関して国名の明記を避けた。また宣言には「今は戦争の時代であってはならない」との主張も盛り込まれた。22年G20サミットでこうした首脳宣言を出すことができたのは、議長国インドネシアの外交努力に加えて、次期議長国インドの粘り強い交渉があったとされる。

しかし、2023年3月にデリーで行われたG20外相会議では、中露両国がウクライナをめぐる文書に合意せず、共同声明を断念して議長総括の発表のみとなった。同会議で共同声明が出せなかったのは、中露両国がこれらの項目を共同声明に入れることを拒んだためであった。このことに対し、議長国インドは「中露の反対のため」と議長総括に国名を明記した。こうした場合に反対した国の名を明記するのは、異例のことである。

一方、中露の外相はこの外相会談で、西側諸国への対抗において連携することを確認し、両国の緊密さを印象づけた。インドは「グローバル・サウス」の代表として外交的発言力を高めようとしたが、昨年の議長国インドネシアが首脳宣言を取りまとめた努力を振り出しに戻す結果となった。2022年のG20サミットで自信をつけていたインドはG20外相会議でも共同声明をまとめられると考えていたようで、想定外であったようだ。インド政府にとってこのことはかなりショックだったに違いない、という現地メディアの報道もあった。

インドの狙いとその成果

インド外交の「グローバル・サウス」への傾斜が顕著に見られるようになったのは、先に述べたように、2022年12月にG20議長国に正式に就任した頃からである。G20議長国への就任とともに、インドが急ごしらえの「グローバル・サウス」を旗印に、世界に向けた積極外交を展開し始めた理由としては、いくつかのことが考えられる。

第一に、インドが経済大国の道を歩み始め、IMFのゲオルギエバ専務理事も言うように世界経済の牽引車となっていくとともに、経済大国としてのその自信が、インド外交をより国際社会に向けて積極的な発信をしていく方向へ導いたに違いない。

第二に、ロシアのウクライナ侵攻以来、西側の先進国からロシアを批判せず、原油を購入し続けていることを責められてきたことに対して、インドは「グローバル・サウス」の国々のためという大義名分を使って反論しようとしたと思われる。

第三に、インドはその「非同盟外交」の再構築を「グローバル・サウス」という言葉を用いて試みたに違いない。第二次大戦後、インドは非同盟中立外交を掲げ、エジプトやユーゴスラビアだけでなく中国とも共同して、非同盟諸国の連帯を主導した。しかし、冷戦の終結とともに第三世界の意味が希薄化し、さらには2020年以降中国との外交関係が悪化するとともに、インドにとって「非同盟の相手」がどのような国々であるか、明確にする必要性が生じていた。

第四に、カシミール問題等で米国や欧州諸国から人権問題にいろいろな形で口出しをされて、モディ首相やジャイシャンカル外相が西側諸国に対する失望感を強めていったのも、理由の一つにあるかもしれない。

最後に、2024年の春に総選挙を控え、モディ首相がグローバル・サウスの代表として外交の舞台で指導力を発揮したことを国民に印象づける目的もあったと考えられる。すでに述べたように、インドではG20の関連会合が全国で多数行われており、外国の首脳がこれまでひとりも来たこともないような都市も、その中に含まれている。例えば、G20ビジネスサミットのB20に関連するイベントが、海外直接投資には全く縁がないようなインド北東部の全ての州で行われている。地元はお祭り騒ぎ状態となっていて、多くの選挙民はモディ首相が世界のリーダーになりつつあると、実感しているに違いない。

こうしたインドの狙いは、的中したように見える。ロシアのウクライナ侵攻を機に、「グローバル・サウス」の発言力に注目が集まっている中で、その力をいわば借りて、彼らの代表と自ら称して注目を浴び、G20議長国の立場も利用して国際社会でのプレゼンスを上げたという点で、インドのこの外交は大成功だった。中国のように、「戦略的に重要な国を選んで、個別にアプローチし、圧倒的な資金力にモノを言わせて、自陣に引き込んでいく」というやり方ができないインドにとって、「グローバル・サウス」の盟主という地位を少なくとも西側先進国に対して示すことは、巧妙な戦略とも言えた。

広島でのG7会合の後、モディ首相は南太平洋のパプア・ニューギニアに立ち寄り、8年ぶりに太平洋島嶼《とうしょ》国首脳との会合を開いた。この会合が、太平洋での海洋進出を進める中国を念頭に置いたものであったことは間違いない。

「グローバル・サウスという立場を明確にしたことで、米国や西側諸国を敵に回してしまいかねないのではないか」という声も日本を含む西側諸国では聞かれたが、そのようなことは現実には起きなかった。このことは2023年6月にモディ首相が国賓として米国で別格の待遇をもって迎えられたことからも、明らかである。このような立場をとっても、米中関係悪化のお陰で、米国や日本にとってのインドの重要性は揺るぐことがないばかりかますます増している。「グローバル・サウス」の盟主が中国になることだけは避けたい西側諸国としては、もう一つの超大国インドにその役割を期待したいところがある。インドはそうした要因を全て考慮した上で、巧みな計算を行ったようである。

「グローバル・サウス」の国々の見方

インドの「グローバル・サウス」外交は、先進国におけるインドの重要性を上げることに貢献したが、「グローバル・サウス」の国々がインドを「自分たちのリーダー」としてどこまで認識しているかというと、はなはだ心もとないのが実情のようである。南の国々で「グローバル・サウス」という言葉が恒常的に使われているわけではない。先に述べた「グローバル・サウスの声サミット」には125ヵ国がオンライン参加したが、初日の首脳セッションに首脳が出席した国の数は、バングラデシュ、カンボジア、ベトナム、タイ、モンゴルなどの10ヵ国にすぎなかった。オンライン開催であるから、参加することは困難でないはずだが、「グローバル・サウス」のリーダーを自任するインドに対し、首脳自らがサミットに参加して敬意を示した国が多くない、とも言える。このサミットでは、グローバル・サウスの中でも重要なメンバーの中国とブラジルが不参加であったほか、テロとの戦いで重要なパキスタン、アフガニスタンも不参加であったことは、インドの主張する「ワン・ファミリー」が現実には難しいことを象徴した。これらの国々にインド政府から招待状が送られていたかどうかは、明らかにされていない。

そもそもインドが「グローバル・サウス」という言葉を持ち出したことにより、この言葉が世界中で使われているようになったにもかかわらず、ASEAN諸国を例にとっても、「グローバル・サウス」のための部会というものもできていない。

モディ・ゼレンスキーの首脳会談

2023年5月の広島におけるG7会合では、急遽来日して参加したウクライナのゼレンスキー大統領とモディ首相が首脳会談を行い、停戦に向けた仲介を申し出ることによって、世界のメディアの注目を浴びることとなった。日本政府もモディ首相をゼレンスキー大統領の隣に座らせることで、モディ首相とゼレンスキー大統領の良好な関係を演出しようとしたようで、このことはモディ首相にとってもプラスだったに違いない。

実際のところ、モディ首相とゼレンスキー大統領の会見では、モディ首相が停戦に向けて全面的に協力することや、移動式病院や医薬品、地雷の撤去などでの支援を申し出たものの、ウクライナ政府が主張する停戦のための条件にはほとんど触れることがなく、ウクライナにとって最も好ましくないロシアからの原油の購入については、交渉の材料とならなかった。会談の様子はインドのメディアの映像で見られるが、両者の間に笑顔はなく、お互いの主張が一方的に伝えられているようにも見えた。握手をした両首脳は、硬い表情にしか見えなかった。とはいえ、ゼレンスキー大統領と面会することもできなかったブラジルのルラ大統領と比べて、メディアに向けたインパクトは雲泥の差があり、ここでもインド外交のイメージ戦略の巧みさが浮き彫りとなった。インド国内では、「モディが世界を救う」というトーンの報道もあったほどで、モディ首相は1年後の総選挙に向けて、少なからぬ得点を稼いだように思われる。

日本では、モディ首相とゼレンスキー大統領のこの会談とその後の握手が、ロシアのプーチン大統領に少なからぬ失望を与えたのではないか、という西側諸国にとって楽観的な見方の報道もあったが、それは異なる。ロシアでは、G7サミット自体を批判する報道がある一方、モディ首相とゼレンスキー大統領の首脳会談は、ニュースとしても取り上げられていない。インドはせいぜいのところ、これをロシアとの交渉材料に使うくらいのところで、長い信頼に裏打ちされたインドとロシアの外交関係がこれで大きく変化することは考えられない。

2024年にはG20の議長国がブラジルに移ることになるが、インドが現在と同じように「グローバル・サウス」の代表として第三勢力の立場を強めていくのかどうかを判断するのは、現時点では時期尚早と考えられる。いずれにせよ、G7とG20の会議を最大限に活用して、インドは自らの外交的な地位を引き上げ、自らの「ブランディング」に成功した。さすがにしたたかなインド外交である。

第7章 日印関係――現状と展望

1 戦後から近年のブームまで

戦後日本の復興を支えたインド

インドは世界でも名だたる親日国である。日本に対する親近感を持つインド人の比率は、世界でも屈指の高いものである。

日本とインドの関係は、奈良時代にインド人僧侶の菩提僊那《ぼだいせんな》が唐から来日し、752年に東大寺大仏殿の開眼供養を行った時まで遡る。インドは仏教発祥の地であるだけでなく、日本の七福神の中の毘沙門天《びしゃもんてん》や弁財天《べんざいてん》はヒンドゥー教の神様を起源としているなど、両国の宗教的な結びつきは強い。

近代日本美術の復興運動を指導した岡倉天心は、東京美術学校を免職となった後、1901年から9ヵ月にわたってインドに滞在して東洋思想を世に広め、第4章で述べた宗教家ヴィヴェーカナンダとも思想体験を共有した。

1905年の日露戦争における日本の勝利は、白人の植民地支配に長年苦しんでいたインド人を勇気づけた。このことは今でも、インドにおける良好な親日感情につながっている。第二次世界大戦中には、インド独立運動家スバス・チャンドラ・ボースが宗主国英国に反旗を翻し、自由インド仮政府を設立するとともに「インド国民軍」を組織して、1944年には日本軍とともにインド北東部インパールで英国軍と戦った。もうひとりの独立運動家ラース・ビハリ・ボース（スバス・チャンドラ・ボースとは別人）は、1915年に日本に亡命し、東京の中村屋の相馬愛蔵《そうまあいぞう》夫妻によってかくまわれた。彼は中村屋がレストランを開設するにあたってメニューにインド式カレーを加え、その後「日本のインドカレーの父」とも言われる存在となった。1949年に日本最古のインドレストランを開業したA・M・ナイルも、戦時中に革命家として日本で活動を行っていた。

第二次大戦で敗戦した日本人を励ましてくれたのも、インド人であった。東京裁判にインドから派遣されたラダ・ビノード・パール判事は、ただひとり日本の無罪を主張した。1951年のサンフランシスコ講和会議にもインドは出席せず、1952年に日印平和条約を結んで、日本への賠償請求権も放棄した。この日印平和条約では、「堅固なかつ永久の平和および友好の関係」が約束された。現在でもインドは、毎年8月6日に国会で広島と長崎の原爆被災者を偲んで、黙禱を行っている。

インドは戦後の日本の復興も経済的に支えた。1948年に日本から戦後初めての通商使節団がインドに派遣され、その後両国間の貿易が再開されると、インドから輸入された鉄鉱石や綿花によって、物資の不足していた日本経済は復興を遂げることができた。1958年に日本は最初の海外向け円借款をインドに供与して、これらの恩に応えた。

インドへの関心の高まり

1970年代に入ると、インディラ・ガンディー首相はソ連に近づき、日本とインドの外交関係は希薄化した。社会主義経済のインドでは、日本企業のビジネスも限られていた。大きな変化は、91年のインドの経済自由化の開始とともに訪れた。同年の7月には湾岸戦争の影響によって、インドは独立後初の外貨債務不履行の危機に遭遇した。同年10月には国際通貨基金（IMF）の22・6億ドル（2938億円）の融資枠が供与され、その後IMFと世界銀行の支援の下で経済自由化が開始された。インドにとってこの難しい時期、日本の緊急援助203億円がIMFの融資が実行されるまでの延命装置となり、インドはその恩を長く忘れることがなかった。

経済自由化に着手したナラシンハ・ラオ首相は、「ルック・イースト」の合言葉とともに、日本との経済関係拡大に乗り出した。多くの日本企業にとって、インドはようやく投資の対象となった。1996年から97年にかけて、日本のトヨタや三菱化学といった大企業がインドに投資を行った。日印関係の長い冬の時代は終わり、最初のインド投資ブームが訪れた。

核実験とインド熱の冷え込み

しかし、日本におけるこのインド熱は、思いのほか短命に終わってしまった。1998年5月11日と13日、成立直後のバジペイ内閣が数回にわたって核実験を行ったためである。日本政府は即刻抗議を行い、対印経済措置とともに、新規円借款を停止した。インドは日本政府の抗議をある程度までは覚悟していたものの、国連等の場で日本が行った対印非難は、その予想を大きく超えるものであった。同じ時期に米国は、表向きインドを激しく批判しつつ、その裏で「タルボット・シン会談」と呼ばれた外交トップの会談で関係修復への道を探っていたが、日印関係は冷え込んだままであった。

悪化した日印関係を立て直すことに多少とも貢献したのは、2000年の森首相訪印であった。00年8月、森首相は日本の首相としては実に10年ぶりにインドを訪れて「日印グローバル・パートナーシップ」に合意した。森首相はバンガロール（ベンガルール）のＩＴ企業インフォシスを訪問し、社内のゴルフ場で球を打ち、現地でも評判となった。この森訪問の背後には、米国の意向があったようである。

２００１年には米国で同時多発テロが起き、テロ対策でインドとパキスタンの協力が必要となった米国は、印パ両国に対する経済制裁を解除した。日本もそれに倣って、経済措置を解除した。同年には両国の外務省によって「日印21世紀賢人委員会」が設置され、筆者も委員として参加したこの委員会は、政治・経済・社会の分野で様々な提言を行った。02年は日印外交関係樹立50周年に当たり、冷え込んでいた両国の関係改善への転換点になることが期待された。

しかし２００１年12月13日、イスラム武装組織によるデリーのインド国会議事堂襲撃事件が起き、印パ間の緊張が著しく高まった。人類史上初の核戦争もあるのではないかという恐れもあって、日印交流への期待は再び冷え込んだ。日本政府はチャーター機を手配して、インドの在留邦人を一時帰国させた。しかし、実際には核戦争が起きる可能性はなかったようで、日本政府のこの動きに追随した国はなかった。インドは日本のこの対応で、国際的なメンツを潰された形となった。

２００５年４月には小泉純一郎首相が、07年には安倍晋三首相がそれぞれ訪印し、日印関係はようやく本格的な軌道に乗ることとなった。14年9月にはモディ首相が訪日し、両国関係は「特別」戦略的グローバル・パートナーシップへ格上げされた。両国の首脳の年次訪問も定例化され、日印間の外交関係は名実ともに新たな段階に入った。

「BRICsレポート」による新興国ブーム

2003年に米ゴールドマン・サックスが発表した「BRICsレポート」は世界中に「新興国ブーム」を起こし、インドもその恩恵を大きく受けることとなった。インドのポテンシャルは世界中のメディアで報道されるようになり、日本でもインド市場への注目が俄《にわか》に高まった。ただし、日本企業の対印貿易・投資がその後すぐに増加したわけではなく、インドに対して企業より先に目を向けたのは、個人投資家であった。06年から08年にかけて日本では「インド株ブーム」が起き、個人を中心に、1兆円を超す資金がインド株式市場に流入した。

2008年は日印経済関係にとって画期的な年であった。同年度の日本企業の対印投資額が対中を抜いて国別トップに立ったのである。その背景には、07年から10年にかけてスズキ、ホンダ、トヨタ、三菱化学、第一三共、NTTドコモ、JFEなどが大規模な投資を行ったことがあった。トヨタは08年のリーマンショック後、他の全ての国で投資を凍結したにもかかわらず、インド向けの投資だけは実行した。第一三共は、08年に当時インドの最大手医薬品メーカーであったランバクシー社を4900億円で買収し、NTTドコモは09年にタタ財閥のタタ・テレサービシズに2600億円の出資を行った。

しかし、これらの大型投資の中には、失敗に終わったものも少なくなかった。その最たる例は、第一三共であった。同社がランバクシーを買収したわずか3ヵ月後、米国食品医薬品局（FDA）からランバクシーは品質管理体制の不備で対米輸出禁止措置を受けて株価は暴落し、そのため第一三共は3500億円を特別損失として計上する羽目になった。2015年にインドの同業2位サンファーマ社がランバクシーを第一三共から買収したことで、問題は最終的に解決したものの、この事件は日本企業に「インドはビジネスが難しい国だ」という認識をそれまで以上に与えることとなった。この取引で巨万の富を不正に得たシン兄弟は、病院などの多角化ビジネスに乗り出したが、その後、事業に失敗し、それを隠蔽するための不正会計が明るみに出て、懲役刑を受けるに至っている。インドであっても日本と同じで、不正直者のビジネスは長く続かない。

NTTドコモがタタ・テレサービシズに出資した携帯事業も、失敗に終わった。タタ・テレサービシズは業界上位にいなかったこともあって競争に負け、2014年には提携を解消することで、合意がなされた。しかし、タタ側が契約書通りドコモへの支払いを行おうとしたところ、インド準備銀行が過去に遡って外為法を適用し、その取引を認めないという判断を下したため、国際仲裁にまで持ち込まれることとなった。インド最大手のタタと組んだ日本の大手企業が、親日のモディ政権下でこのような不利益を被るとは、誰も予想していなかった。

これらの大型案件は失敗したものの、日本企業のインドへの関心は全体として旺盛なままであった。リーマンショックで世界中の経済が疲弊する中、輸出比率が低く内需主導型の新興国インドの強さが目立ち、中国やインドなどの新興国と先進国の「デカップリング（分離）」という言葉も使われるようになった。

リーマンショック後にとりわけ注目されたのは、経済を支えるインドの農村の低所得層であった。インド人経営学者でミシガン大学教授のC・K・プラハラードは、貧困層を対象とした「BOP（ボトム・オブ・ザ・ピラミッド）ビジネス」という概念を提唱し、多くの日系企業は、インドで売れる低価格帯の製品販売に乗り出した。しかし、農村で二輪を売るホンダや生理用品やおむつのユニ・チャームなどを例外として、日系企業のBOPビジネスの成功例は決して多くなかった。コスト高や現地化の不足などが、その理由であった。

貿易の停滞

日印貿易の総額は、１９９０年代には40億ドル程度の規模で停滞してきたが、２００２年以降増加傾向に転じ、11年には１７９億ドルまで拡大した。しかし、その後は円安が進んだことによるドルベースでの減少もあって、伸び悩んでいる。

インドにおける世界全体の輸出と輸入に占める日本のシェアは、過去10年間を通して、それぞれ１・５〜２・２％と２・４〜２・８％、日本から見た世界全体の輸出と輸入に占めるインドのシェアは１・２〜１・４％と０・75〜０・82％の間を低迷してきた。

日印経済関係は、他国とインドの経済関係と比べて、貿易が少なく投資が大きいことが特徴となっている。

日印間の貿易は、品目構成も化学品（歯磨き粉のチューブの材料などの低付加価値品）が増加した以外、大きくは変わっていない。インドからの輸入品はダイヤモンド以外には、エビ、鉄鉱石などの１次産品が依然として大半である。一方で、日本からインドへの輸出品は、工業製品を中心に大きく増加し、インド側の貿易赤字は拡大している。日印貿易はいまだに「南北貿易」（北半球の先進国が工業製品を輸出し、南半球の途上国が１次産品を輸出する貿易）の形をとっており、インドにとって不満足な状況となっている。

サービス貿易も伸び悩んでいる。インドのＩＴ輸出に占める日本のシェアは、過去30年間で４％から２％以下へと低下している。言葉の問題だけでなく、ソフトウェアの開発企業に対する仕事文化の違い、自らのハードウェア部門を持たないインドIT企業の営業上の弱みなども影響している。インドの得意とする金融分野でのパッケージ・ソフトの導入も、日本の銀行システムが基本的に汎用機を用いたシステムからパッケージ・ソフトを使うシステムへの移行に慎重であるため、新生銀、イオン銀、じぶん銀などの少数の導入実績に限られている。インドが得意とするコールセンターなどのバックオフィス業務移転の分野でも、言葉が障害となって実績は乏しい。

インドと日本は経済連携協定（EPA）を結んでいる。EPAとは、貿易の自由化に加え、投資、人の移動、知的財産の保護や競争政策におけるルール作り、様々な分野での協力の要素等を含む、幅広い経済関係の強化を目的とする協定で、日本は2023年7月現在、21の国・地域とEPAを結んでいる。

2005年7月から06年6月にかけて、筆者もメンバーとして参加した「日印共同研究会」が4回開催され、その提言を受けて07年1月から日印EPAに向けた交渉が始まった。日印EPAは11年2月に署名、同年8月1日に発効の運びとなった。

2011年の日印EPA発効時点のインドの輸入関税率は自動車部品10%、鉄鋼製品5%、織機7・5%と高かったが、この協定の発効で自動車部品は10年で撤廃、鉄鋼製品は5年、織機は10年で関税撤廃となった。日本からインドへの輸出は増加傾向にあり鉄鋼や自動車部品、加工機械の輸出は特に増えているため、日本企業にとっては有意義な協定であった。一方、インド側が主張したプロフェッショナル人材の移動においては日本の譲歩が乏しく、このEPAはインドにとっては若干不本意な内容であった。交渉開始前には、インドは交渉相手として手ごわい相手だという先入観が日本側ではあったが、結果的にはインドが妥協するところが多かった。

その理由は定かではないが、同じ頃に日本とインドは原子力協定についても政府間協議を行っていたため、原子力協定を何としても結びたいマンモハン・シン首相が、その交換条件としてEPAでは妥協したのではという見方や、外交関係が悪化する中国を念頭に置いて、インドが日本との交渉終結を急いだのではという見方が日本側であった。インドの農業に国際競争力が乏しいことも、日本にとっては幸いした。

インドは日本と同じ時期に、韓国とも似たような経済連携協定を結んでいるが、日印と同じような結果に終わっており、インド国内では日本や韓国との自由貿易協定は失敗であったのではないか、という批判が根強い。

2　企業進出の成果と課題

直接投資の拡大

貿易が伸び悩んでいるのと違い、インド向けの直接投資は堅調である。2006年頃からインド向けの日本の直接投資は急速に拡大し始め、先に述べたように、08年度にはインド向け投資が中国やASEAN向けの投資額を上回った。その後対印直接投資額は一時的に減少して、2000億円から3000億円の水準で安定的に推移してきたが、モディ政権発足後再び増加している（図7-1）。

全世界からインド向けの海外直接投資に日本が占める比率は、06〜10年の期間には3％にすぎなかったのが、11年から21年の期間では7％に増加した。先に述べたように貿易ではこの比率が1％から2％前後にとどまっているのとは、大きな違いがある。

インドへの進出企業数も増加した（図7-2）。デリーの日本大使館とジェトロによると、2021年10月時点の日系企業数は1439社（4970拠点）、在留邦人数9313人となっている。21年にはコロナ禍の影響で撤退する日系企業もあり、これまでと同じようなスピードで企業数が増え続けることは考えにくいかもしれないが、中国リスクの拡大もあって今

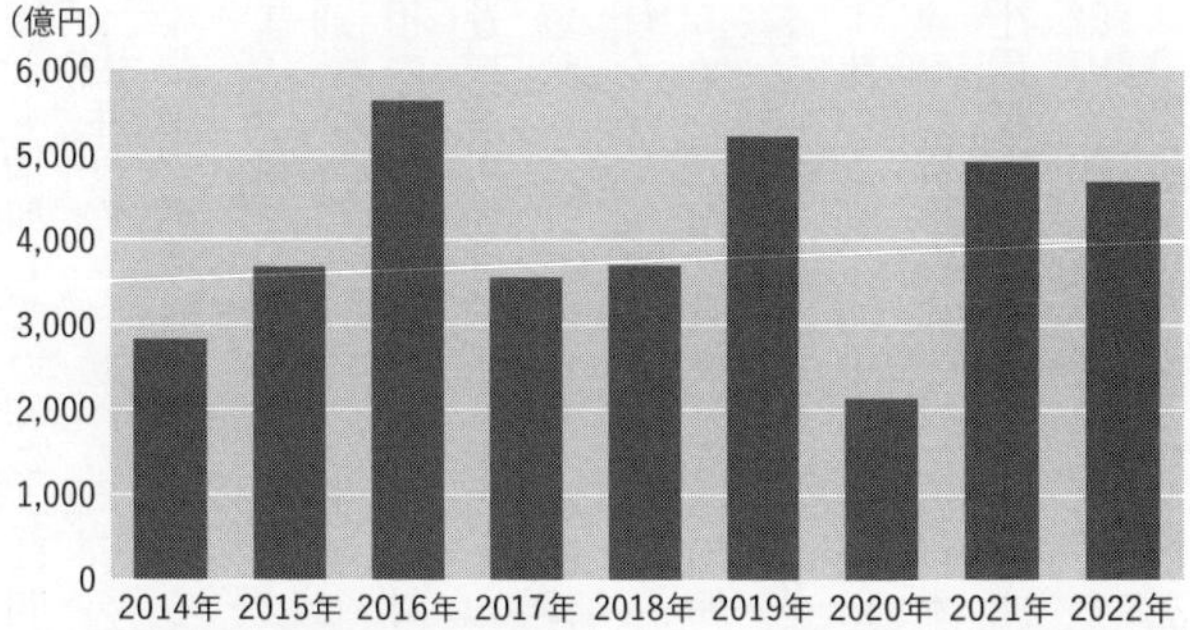

図７－１　日本の対印直接投資額
出典：外務省（2023）

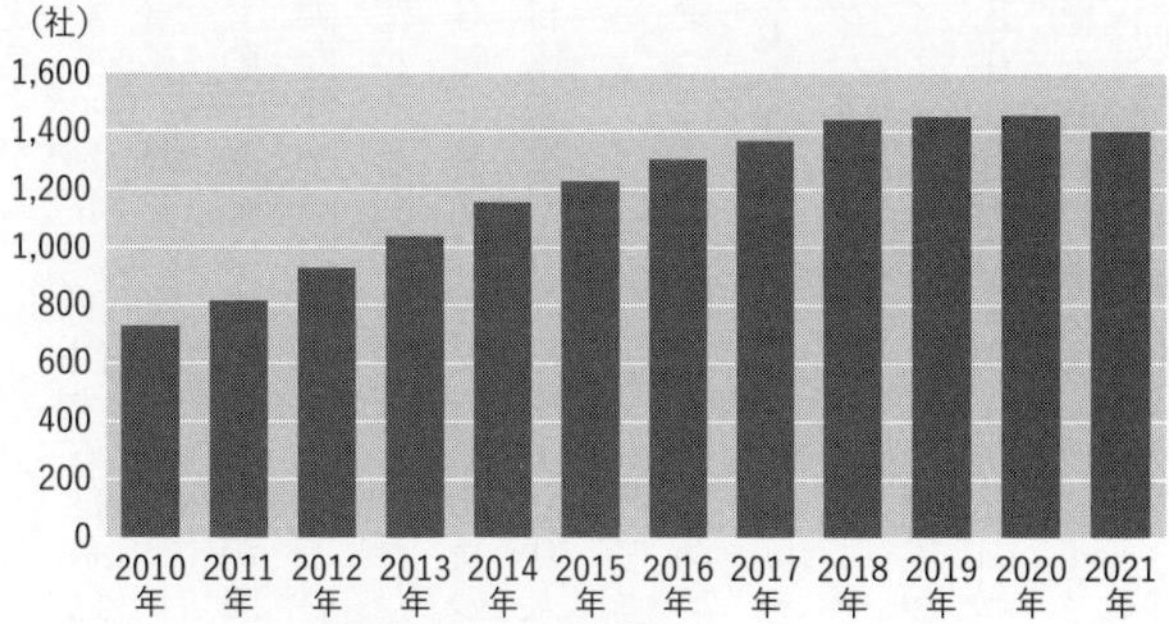

図７－２　インド進出日系企業数の推移
出典：外務省（2023）

後とも増加していくことは間違いないであろう。

22年度のジェトロのアンケート調査でも、インドに進出する日系企業の72・5%が今後1～2年で事業展開を拡大すると回答しており、調査対象国・地域の中でインドは前年度に続いてトップとなった。同じ調査で、インドの日系企業の61・1%が前年と比べた営業利益見通しが「改善する」と回答しており、好調な様子が明らかになっている。22年の岸田文雄首相の訪印に当たって日本の対印投資の目標が5年間で5兆円とされたが、現状を見る限りは達成不可能な数字とも思えない。2023年6月には、安倍前会長の後を継いで新しく日印協会の会長に就任した菅義偉《すがよしひで》前首相が、日本企業の幹部ら約100人からなる経団連の使節団を率いて訪印した。

インド向け直接投資が増加してきた背景には、いろいろな要因がある。第一に、企業買収(M&A)による大型投資が増えた。2007年の松下電工(現パナソニック)によるアンカー社の買収、08年には第一三共によるランバクシー社買収、NTTドコモによるタタテレコムへの資本参加、11年の日本生命のリライアンス・ライフへの資本参加、コクヨのカムリン社買収などである。これらはそれぞれ約500億円、5000億円、2600億円、600億円、70億円の規模に及んだ。それ以外にも野村證券(破綻後の米リーマン・ブラザーズのアジア拠点を買収)のように、欧米企業の買収によって間接的にインド拠点を獲得するといったケースも出てきている。先に述べた第一三共やＮＴＴドコモのように失敗した例もあるが、松下電工のアンカー買収やコクヨのカムリン買収などは、最大手地場企業を買収した成功例である。

最近インドで大型投資を行っているのは、日本製鉄である。アルセロール・ミッタルとのインド合弁会社は、経営再建中のインド鉄鋼大手エッサール・スティールを５０００億ルピー（８０００億円）で共同買収し、東部オディシャ州に製鉄所を建設しているほか、４０００億ルピー（６４００億円）を投じて、グジャラート州のハジラ製鉄所に高炉を新設する計画も進めている。日本製鉄は「海外で最も伸びる市場はインドである」と明言し、インド重視の姿勢を強く打ち出している。

インドのスタートアップ企業への出資の分野では、ソフトバンク・グループの動きが目立つ。ソフトバンク・グループは、「ソフトバンク・ビジョン・ファンド（ＳＶＦ）」によって、インドのスタートアップ企業に多くの投資をしており、その投資額は１兆円を超す。ソフトバンク・グループは、米中貿易戦争の影響もあってファンドの運用実績が思わしくなく、インドへの投資も目下のところ手控えているが、これまでインドのスタートアップ業界に対して大きな貢献をしたことは間違いない。

第二に、投資先の地域が拡大している。日系企業の拠点はスズキの工場のあるデリー首都圏（特にグルガオン〔グルグラム〕）に集中していたが、最近ではタミル・ナドゥ州やグジャラート州などインドの南部や西部に集積地が広がった。南部には日産やコマツ、東芝、西部にはスズキが進出しており、関連企業の進出も増えている。

第三に、投資する上での課題が多様化している。かつては日系企業の対印投資障壁として、インフラの未整備、官僚制、労働問題がトップ3を占めていた。しかし、モディ政権の努力によって、インフラや官僚制の問題が減り、他方で地場企業や韓国企業との競争、土地収用の難しさといった新たな問題が顕著になってきている。インドの日系企業にとって最も重要な自動車・自動車部品産業を見ても、タタ自動車、マヒンドラ、そして韓国の現代自動車の躍進が目覚ましく、家電でもサムスンやLGなどの韓国企業のプレゼンスが大きい。家電では日系メーカーの出遅れが目立ち、そのプレゼンスの小ささは今後もしばらく変わりそうにない。

土地収用の難易度も、インドは東南アジアより高い。インドの農地はしばしば所有権が複雑で、全ての地権者の合意を得ることが非常に難しい。日系メーカーが新しい工場を建てるための土地収用を容易にするため、ラジャスタン州ニムラナの日系企業専用工業団地を皮切りに、ジェトロや双日、住友商事などの総合商社による日系企業向け工業団地の建設が増えており、現地に進出する日系企業の助けとなっている。

このように投資における課題が多様化しているにもかかわらず、日本企業の対印直接投資が増えているのは、将来を見据えたインド市場の重要性が、これまで以上に疑う余地のないものになってきているからにほかならない。しかし一方で、インドに進出する日系企業の中には、投資金額は増えても利益率はむしろ下がっているという場合も少なくないという事実も忘れてはならない。

第四に、日本企業のマインドセットが変わりつつある。かつてはインドでのビジネスがうまくいかない場合は「インドの投資環境のため」とされ、「インドがもう少し豊かになるまで待てばよい」として片付けられがちであった。しかし「成功している韓国企業に学べ」という動きも増えている。インドで成功している企業は、日系であれ非日系であれ、自らインド市場の魅力についてあえて語らないことが多いが、それらの企業の成功が明らかになってくると、いつまでも「インドのせい」にすることは難しくなっている。

なお残る課題

一方、変わっていないことも多い。第一に、投資先分野の拡大がまだ十分に進んでいない。これまで対印直接投資の約半分は、自動車産業と自動車部品などの関連産業が占めてきた。しかしそれ以外の多くの業界では、日系企業は出遅れがちである。

自動車関連以外では先に述べたように、ソフトバンクと日本製鉄が大きな投資を行っているほか、ソニーのインド子会社がインドのテレビ網大手ジー・エンターテインメントとともに100億ドル（1兆3000億円）規模の合弁テレビ会社を誕生させる計画が注目されている。ユニクロや良品計画、日本式カレーのCoCo壱番屋なども進出しているが、中国やASEANと比べるとそのプレゼンスはまだ小さい。

急拡大を続ける日用消費財市場でも、日系企業のプレゼンスは小さい。早くから進出している味の素やヤクルトに続いてユニ・チャームが進出して、トップダウンの経営で成功を収めているが、それに続く日系企業が少ない。

2020年にはインド国内の生産による売上高増加に応じて補助金を出す生産連動型優遇策（PLI）が導入され、スズキをはじめとする自動車関連だけでなく、エアコン部品を生産するダイキンや日本電産などの日系企業も適用企業に選ばれた。今後はタタ財閥と組んで半導体製造に進出する日系企業も出てくると思われ、日系の電機メーカーの巻き返しが期待される。

第二に、中小企業の進出が少ない。インドにおける中小の日系企業というと、スズキなど日系自動車メーカーの下請企業が多い。日系の下請でない形で進出している企業は中国や東南アジアを大きく下回る。例外として、五十嵐電機、日精ASB機械、牧野フライス製作所、油研などがインドで成功を収めているが、これらの企業に続く動きがあまり見られない。

「インド進出はハードルが高い」と感じる中小企業を支援するために、近年では現地の大使館、ジェトロ、ジャイカ、弁護士事務所、会計事務所、コンサルティング会社、人材派遣会社などが情報提供などのサービスを充実させている。大手商社やメガバンク、保険会社などのインドでの陣容も拡大されて、インドでの日本の中小企業の展開も以前よりは容易になった。２０１４年にはインド商工省の中にも「ジャパン・プラス」と呼ばれる日本専用の投資相談窓口ができており、文字通り日印双方で支援体制が出来上がりつつある。ちなみに、この「ジャパン・プラス」で初代の日本人コーディネーターを務めた豊福健一朗《とよふくけんいちろう》氏は「モディ首相に最も近い日本人」と言われており、経済産業省を早期退職し、現在はインドのマルチ・スズキに籍を置く。

２０２１年の日本の対印直接投資は４１００億円であった。日印両国の政府は、「今後５年間でＯＤＡ等も含め官民での対印投融資５兆円を目標とすること」で一致している。また、ＡＩ（人工知能）、半導体、水素などの新しい分野で協力の推進が期待されている。

日本企業の巻き返しに必要なこと

インドで日本企業がプレゼンスを高めていくための提言はこれまで数多くなされてきた。

それらをまとめると、おおよそ次のように要約できよう。

第一に、成功している企業は初期段階から大きな投資を行っている。韓国のLGや現代自動車は進出時点でインドを戦略的な拠点としてとらえて大きな投資を行った。大規模な広告宣伝活動の効果も強調すべきである。韓国企業はインド進出時に本社が広告経費を負担して積極的な宣伝を行って、ブランド・イメージを確立させた。インドでは「日系企業は決断が遅すぎる」という意見が多く聞かれるが、韓国企業は執行役員クラスを送り込んで、現地で迅速な決断を下している。

第二に、投資におけるパートナーとの良好な関係構築が重要である。スズキの合弁相手マルチ・ウドヨグは設立時に、すでに述べたように、インド人の最優秀な官僚を送り込んだ。一方でスズキはその後両者の間で人事の任命に当たって問題が起きた場合でも、妥協することなく、インド側を説得した。

第三に、日本企業が大規模なM&Aを行う場合は、現地のネットワークを用いて十分なデューディリジェンス（買収対象の企業の価値やリスクの調査）をすべきである。第一三共の買収したランバクシー社もそうであったが、インドの企業は株式の大半を創業者一族が保有していることが多いため、コーポレート・ガバナンス（企業統治）に透明性を欠く場合が少なくない。

第四に、恐らくこれが最も重要なことと思われる「現地化」の重要性についても強調しておきたい。日本以外の外資企業の多くは現地法人トップに優秀なインド人を採用し、全世界に向けた研究開発を行っている。その最もよい例として挙げられるのは、英ユニリーバ系のヒンドゥスタン・ユニリーバ（HUL）である。インドで長い歴史を持つユニリーバは、現地に溶け込んだビジネスを大規模に展開している。これに比べて日系企業は、マルチ・スズキやホンダ、ダイキン、関西ペイント、東洋エンジニアリングなどのように現地化に成功している企業は例外的である。現地スタッフを幹部に登用する場合でも、長年忠実に勤めた社員を他の社員のモラルを上げるために一人だけ上げる、といった形が少なくない。

第五に、グローバルビジネスにおけるインドの位置づけも、明確にすべきである。日印EPAの積極的な活用に加え、ASEANやタイ、シンガポールなどとインドとの自由貿易協定を利用して、インドを世界戦略に組み込んでいくことが求められている。

人材面においても真のグローバル化が必要である。米国企業はインドにおいて最優秀な人材を米国本社の幹部候補として採用しているし、欧米企業はインドで採用した人材をアフリカ、中東などへ派遣するグローバル人事も進めている。

第六に、長期的な視野で見た人事評価を行う必要がある。スズキやホンダなど成功している日系企業でも、最初の10年間は相当な苦労を強いられている。何事もスムーズには進まないインドでのビジネスは、成功に時間がかかる。そのため日系企業の駐在員には、自分の駐在期間中にリスクをとってビジネスを行わず、「事なかれ主義」で過ごす人も少なくない。大半の日系企業の駐在期間は3年である。これは韓国企業が片道切符のような形で駐在員を送り込んでくるのと対照的である。

インドでは、少なからぬ数の日本人現地駐在員の間で「OKY（O：お前が、K：ここへ来て、Y：やってみろ）」という言葉が聞かれている。日本の企業では、トップは号令を下しても自らはビジネスにタッチしないためである。頑張っている駐在員に対しては、本社の積極的なサポートが必要である。

日本の本社も駐在員の派遣年数を長くすればよいことは理解しているが、そもそもインドに赴任を希望する人が非常に少ないため、長期の駐在を強制することは難しい。せっかくインドに駐在して現地事情に詳しくなっても、スズキやジャイカ、ジェトロなどの例外を除いて、帰国後はインド以外を担当することが多く、組織レベルでインドの知見が蓄積していないことも多い。一方で、最近では新天地を求めてインドへやってくる日本人も20代の女性を中心に増えたが、現地採用となることが大半であるため、大きな権限を持たされていない。

伸び悩む人的交流

表7-1　日印間と日中間の人的交流比較

	日印間	日中間	割合
日本人訪問者数(19年)	約24万人	約268万人	1/11
訪日外客数(19年)	約17.5万人	約959.4万人	1/55
在日留学生数(22年)	1,692人	112,243人	1/66
在留邦人数(22年)	8,145人	102,066人	1/13
在留外国人数(22年)	40,752人	744,551人	1/18
日本語学習者数(21年)	36,015人	1,057,318人	1/29
地方自治体間交流(21年)	6組	377組	1/63
国際航空定期便数(22年)	22便／週	52.5便／週	1/2

出典：外務省（2023）

日印関係で最も遅れているのは、人的交流である。いろいろな数字を比べると、日印の人的交流は日中と比べて、20分の1から70分の1程度にすぎないことがわかる（表7-1）。

とりわけ目立つのは、インド人留学生の少なさである。2021年5月1日時点のインドからの在日留学生数は1457名と、日本全体の留学生の0・6％にすぎず、国別順位で14位にとどまっている。インド人留学生の数は、中国（11万4255名）、ベトナム（4万9469名）とは比較にならないだけでなく、ネパール（1万8825名）、スリランカ（3762名）、バングラデシュ（3095名）などの国々からの留学生数をも下回っている。

全世界に向けたインド人留学生数は毎年18万人にも及び、最も人気のある留学先の米国ではインド人留学生の数が中国人を抜いてトップとなっている。日本の大学では東京大学と立命館大学がインドに事務所を設立して広報宣伝に努めているが、他の大学ではそのような動きが見られない。

一方、日本人のインドへの使節団は、2000年代半ば以降に急増した。しかし官庁や業界団体の使節団の多くは表敬訪問が主体で「大人の修学旅行」「物見遊山」と言われても仕方ないようなものが少なくなく、このため、一部のインド人の間では「日本からの使節団と会うのは時間の無駄だ」という評価さえ定着した。日本では、「インド人にとって最も好感の持てる国は日本」という言葉がよく使われているが、インドの企業やビジネス団体では、「使節団ばかり送ってくる割に決断が遅すぎる」という不満もしばしば聞かれる。

第二に、インドにおける日本専門家も十分に育っていない。インドで日本について専門に学べる大学は、デリー大学、ネルー大学など数えるほどしかない。そもそもインド側に日本研究を盛り上げようという努力が十分でない、という話も聞くことがある。日本にいるインド人は増えてきているが、彼らの集まりに日本の大企業のビジネスマンを見かけることは少なく、せっかく日本にいるインド人の知恵や知見も十分に得られていない。

第三に、日本企業も官庁も大学も、優秀なインド人を自陣に引き付けることができていない。日本への留学生数や日系企業におけるインド人の成功例が少ないため、インド人にとって日本がキャリアを積む上でオプションとなっていない。政府、企業、大学などの様々なレベルで、インド人の頭脳を取り込んでいる欧米諸国と日本の差は広がるばかりである。例えばソフトバンク、楽天、メルカリ、SBI新生銀行、マネーフォワード、ダイキン、関西ペイント、東洋エンジニアリング、亀田製菓のように、インドの優秀な人材を積極的に登用する日系企業がもっと出てくることを望みたい。

第四に、日本側でもインドの専門家の数が不足している。官庁や企業、シンクタンクでインド重視の姿勢は明確になっているにもかかわらず、である。日本の大学でインドを学んでインド専門家になろうとしても、就職先探しが難しい。インドへ派遣する日本人を確保することすら、苦労している日系企業も多い。インドの専門家が少ないため、組織にインド情報の蓄積ができていない。

近年の広がり

そうした中で、近年はいくつかの変化が見られている。第一は、日本にいるインド人の数の増加である。2007年には8000人程度であった在日インド人の数は、約4万人に増えた。多くはIT技術者とその家族である。「リトル・インディア」と呼ばれる東京の西葛《にしか》西《さい》に全体の1割近くが居住しており、周辺にはインド人学校もいくつかできた。西葛西にインド人が集まってきた理由としては、江戸川インド人会のジャグモハン・チャンドラニ会長の存在が大きい。チャンドラニ会長は1978年に来日して以来、インド人向けのレストランを開業するなどして、在日インド人の面倒を見続けてきた。そのほか、日本に帰化してホテル業で財を成したHMIの比良竜虎《ひらりゅうこ》社長は、在日インド商工協会理事長として、インドで最も栄誉ある勲章の一つ、パドマ・シュリー勲章を受章した。

第二に、日本におけるインド関連セミナーの増加である。インドビジネスセミナーは毎週のようにどこかで行われており、日本語による専門的な情報を得る機会が格段に増えた。そのため「かつてインドに駐在していた」とか「日本に長くいるインド人」という謳い文句だけでは、ビジネス・コンサルタントとして開業することが難しくなっている。

第三に、インドの文化に対する日本の一般人の意識も高まっている。東京九段下《くだんした》のインド大使館には、ヴィヴェーカナンダ文化センター（VCC）が設立され、各種セミナーやヒンディー語、ヨガ、インド音楽、インド舞踊などの講座が行われている。

毎年代々木公園で行われている文化行事「ナマステ・インディア」は年々入場者が増え、2日間で参加者が延べ約20万人を数えるまでになった。日本におけるインド料理店の数も増えており、東京だけでも30年前は100店前後にすぎなかったのが、2022年末時点で1350店（食べログサイト調べ）に及んでいる。日本全体では5000店にも及ぶ。これらの「インド」料理店のスタッフの多くはネパール人であるが、一方で千葉県検見川の「印度料理シタール」に代表されるような優れた日本人シェフによるインド料理店も増えてきている。インドの食文化が日本に浸透してきたことは間違いない。

3　政府開発援助（ODA）

最大の円借款供与先としてのインド

インドは日本の円借款の最大の受取先である。1958年に日本にとって世界で第一号となる円借款が供与されて以来、2022年11月までに累計で6兆9783億円に上る円借款がインドに供与されている。

日本の対印ODAの特徴は、その大半が円借款で、無償援助や技術協力がきわめて少ないことである。これは、インドが日本に対して望んでいる援助が、専門家の派遣よりも大型経済インフラの建設であることによる。

これまで日本の対印円借款は、電力と上下水道、植林の分野における案件が多かったが、近年は、デリーをはじめとする大都市の地下鉄、デリー・ムンバイ貨物専用鉄道、ムンバイ・アーメダバード新幹線など、運輸部門の案件が主体となってきている。

デリー・メトロの大成功

デリー・メトロは、日本のODA案件の中でも最も大きな成功を収めた案件として、よく知られている。総事業費1兆7377億円(進行中の第4フェーズを含む)に及び、その半分近い8251億円が日本の円借款で賄われている。現在デリーのメトロは12路線286駅があり、全長は381キロ(第4フェーズが完成すると450キロ)と、東京メトロと都営地下鉄を合わせたより長い。初乗り10ルピー(16円)で最高60ルピー(96円。日祝日は50ルピー〔80円〕)と料金が安いこともあって、1日に平均500万人近い数の乗客が利用している。

デリー・メトロの成功の最大の立役者は、デリー・メトロ公社(DMRC)のE・スリダラン総裁である。スリダランは、インド南部の西海岸を走るコンカン鉄道の難工事を成功させた実績などから、インド国鉄でもよく知られた人物であった。1995年5月にインド政府とデリー政府の折半出資でDMRCが設立された際、スリダランはデリー・メトロをインド国鉄から切り離して政治介入させないことを条件に、総裁の職を引き受けた。97年2月には最初の円借款の契約が締結され、98年10月に工事が始まった。

スリダランは日本に学んで「時間厳守」を徹底して、工期を守る概念をインド側に植えつけた。それまでは施主担当のインド人技師が経験不足にもかかわらず、施工業者の経験豊富な外国人の提案に耳を傾けることなく自説を押し通すことが多かったが、スリダランは日本人技術者の話に素直に耳を傾けた。

それまで官僚の力が強いインドでは、官庁が自前の施工管理部門や設計部門を持っていて、施工業者に頼ることなく、自前で施工を行っていた。また施工の管理監督だけでなく、主要機械や材料までも自分で手当てし、施工業者に無償供給するという形態がとられることも多かった。大きなプロジェクトは多くの小さな工事に分割され、プラント商談において設計、機器調達、工事が、それぞれ細切れに分割されていた。

インドの幹部は、現場に入りたがらない傾向も多かった。そこで日本側の技術者らが現場の指揮を執り、ヘルメット、安全ベスト、安全靴などを身に着けない工事労働者に装着を徹底させ、日本流の工事の流儀を教え込んだ。陣頭指揮を執ったひとりは、日本人女性の土木技術者であった。

こうした努力が実を結び、デリー・メトロの最初の路線は、２００２年12月25日に開通した。これは当初の計画より7ヵ月も早い完成であった。１９８４年10月に完成したコルカタのメトロが路線17キロの完成に22年かかったのと比べると、雲泥の差であった。

インド側の最大の功労者であるスリダラン総裁は、米『タイム』誌によってアジアのマン・オブ・ザ・イヤーに選出されただけでなく、２００８年にはインドでは2番目に高い勲章であるパドマ・ビブシャンを受章し、13年には日本政府から旭日重光章《きょくじつじゅうこうしょう》を受章した。

「メトロマン」の異名を持つスリダランは、その後インド各地のメトロ事業のアドバイザーを務めて成功に導いている。

スリダランは、元東大インド事務所所長吉野《よしの》宏《ひろし》氏のインタビューに答えて「このプロジェクトが終わるまで日本人が常に言っていたのが『納期』という言葉だ。いつのまにか我々も『ノーキ』という言葉を使うようになった。プロジェクト完成の翌日からは、運行担当の人がやってきた。ストップウォッチで地下鉄を時間通りに運行するように言われ、秒単位まで意識して運行するために、毎日徹底して訓練を受けた。その結果、数時間遅れも日常茶飯事であるインドの公共交通機関の中で、地下鉄だけが数分の誤差で正確に運行されている。我々がこのプロジェクトを通じて日本から得たものは、資金援助や技術援助だけではない。むしろ最も影響を受けたのは、働くことについての価値観、労働の美徳だ。労働に関する自分たちの価値観が根底から覆されたことであった。日本の文化そのものが、最大のプレゼントだった」と語っている。

デリー・メトロはインドの土木工事の文化だけでなく、インド社会の文化も変えた。その一つの例は、「整列」の文化である。デリー・メトロの切符売り場や改札では他と違い、横入りする人がいない。

今やデリー・メトロは市民の足になっており、渋滞緩和に大きく貢献している。女性が安心して公共機関を利用することも可能となった。それまでデリーの企業は、社員送迎の貸切バスを手配する必要があったが、メトロのお陰で最寄りの駅まで来てもらって、そこでピックアップできるようになった。

大気汚染防止においても大きな効果があった。デリー・メトロは国連クリーン開発メカニズム（CDM）理事会により、鉄道事業としては世界で初めてとなるCDM事業に認定された。最近ではEV充電ステーションをメトロの駅に建設することによって、駅前で客待ちをするEV三輪タクシーのための充電を容易にする計画も進んでいる。

現在ではデリー以外にも、バンガロール（路線距離42キロ）、チェンナイ（同53キロ）、コルカタ（同80キロ）、アーメダバード（同38キロ）、ハイデラバード（同69キロ）など15の都市に全長810キロのメトロが運行され、加えて10の都市で約1000キロが建設中である。数年以内にインドのメトロの全長が中国と米国に次いで世界第3位になると予測されており、日本のODAに対する期待は大きい。インドのメトロ技術も急速に進歩しており、これまで海外に依存していた信号制度やメトロ車両の製造が内製化できるようになったほか、現在では無人運転も導入されている。

デリー・ムンバイ貨物専用鉄道

日本の円借款としては最大規模のデリー・ムンバイ貨物専用鉄道（ＤＦＣ）は、デリーとムンバイの二大都市を結ぶ貨物専用鉄道を新たに建設する計画である。２００５年４月の小泉首相の訪印時に「デリー・ムンバイ貨物専用鉄道建設計画（ＤＦＣ）」がインド側から提案され、翌年には日本の経産省が「デリー・ムンバイ間産業大動脈構想（ＤＭＩＣ）」を提案した。欧米や韓国系の企業がチェンナイやムンバイ、プネなど港の近くに工場を建設しているのに対し、日系企業はスズキとホンダがグルガオン（グルグラム）やノイダなどのデリー近辺の内陸部に工場を集中させていたことから、製品の輸出や部品・資本財の輸入などにおいてハンディが否めなかった。そのため、デリーからムンバイへの鉄道や道路による輸送インフラを改善することが望まれていた。

デリーとムンバイ間の貨物専用鉄道の約６割の区間に対して４５００億円の円借款を供与するに当たっては、日本製の資機材を使用することを条件に超低利の資金供与を行う「本邦技術活用条件（ＳＴＥＰ）」（日本の技術を活用したタイド案件）が適用された。

ＤＦＣが完成すると、インドの二大都市を結ぶ貨物鉄道の時速は30〜40キロから１００キロへ、輸送にかかる時間は2〜3日から１日以内へと大幅に改善し、２階建て車両の採用によって、１日当たり19億トンの運搬を実現することが見込まれる。また事業完成から30年で、温室効果ガス排出量が年間約1290万トンも削減できる。

貨物専用鉄道の工事開始とともに、双日、三井物産、日立製作所などの日系企業が軌道敷設を受注し、2015年6月に電気機関車の入札が開始された。しかし、入札に応じた川崎重工を中心とする日本企業連合が提示した価格は、インド国鉄の想定した価格と2倍の開きが生じ、日本側は1両当たりの価格を5億ルピー（8億円）から3億6000万ルピー（5億7600万円）に引き下げたものの、合意が得られなかった。インド側にしてみれば、いくら低金利融資を受けられても、機材のコストが想定の倍というのは採算的に受け入れられなかった。最終的には、日本政府は本来日本製であるはずだった電気機関車の調達を国際入札とすることを認めつつ、当初の超低金利の融資条件は変更しないということで妥協した。プロジェクトは再び動き出し、ハリヤナ州レワリとグジャラート州パランプール間がすでに開通している。インドの物流の屋台骨を担う貨物専用鉄道の全線開通の日が待ち遠しい。

新幹線計画

インド向けのODA案件の中でDFCと並んで最も重要な案件は、ムンバイ・アーメダバード間の高速鉄道の建設である。508キロ離れた西インドの二つの大都市は普通列車で8時間かかるが、最高時速320キロの新幹線によって、2時間で結ぶことが可能となる。この新幹線計画のための大型円借款は、2015年12月の安倍訪印時に合意がなされた。17年9月には、モディ首相が安倍首相を現地グジャラート州に招いて、起工式が行われた。日本の新幹線方式がインドで採用された最大の理由には、モディ首相と安倍首相の個人的な絆の強さがあったと考えられる。

日本では、インドの新幹線では中国と競り合って勝ったというような報道もあったが、この路線において当初先行していたのはむしろフランスであった。しかし事故の多いインドでは、フランス案のように既存の線路を利用するより、日本の新幹線方式が安全であるという判断があったのに加え、フランスの提案する広軌よりも日本の標準軌の方が、将来的に高速車両を輸出したいインドにとって有利だとも考えられた。

コストが嵩《かさ》む日本の新幹線が採用されるためには、グジャラート州という場所も幸いした。同州のアーメダバード（人口770万人）とその南でマハラシュトラ州のムンバイ（2000万人）の間にはスーラト（500万人）、バドダラ（360万人）という二つの大都市があり、商売の盛んなグジャラート州では、ビジネス客の利用も見込めるため、採算がとりやすい。加えて、モディ首相の地元であるグジャラート州では用地取得が容易であると考えられた。工事を開始した当初は、マハラシュトラ州もBJP政権であった。

2015年6月には両国の共同調査を経て、ムンバイ・アーメダバード区間に新駅を全部で12ヵ所設けることが固まった。インドでは（日本の新幹線方式を含む）高速鉄道の導入について全国で7区間が提案されており、日本が担当する西部のムンバイ・アーメダバード区間以外にも、東部デリー・パトナ間は英国系、もう一つの東部ハウラー・ハルディア間はスペイン系、南部ハイデラバード・チェンナイ間は米系コンサルティング企業が参加して実現可能性調査（F／S）が行われているが、この中で、日本の新幹線方式を採用したムンバイ・アーメダバード間のF／Sが最も早かった。

ムンバイ・アーメダバード間の新幹線建設にかかる総事業費は9800億ルピー（1兆5680万円）の巨額に及び、そのうち8割が円借款によって賄われる。この円借款はDFCと同様に日本企業の受注を前提としているため、融資条件は償還期間50年（金利据置15年）、金利0・1％と破格の条件になっている。演説に長けたモディ首相は起工式に訪れた安倍首相を横にして「私の友人の安倍さんが新幹線をタダで持ってきた」と集まった群衆の前で語った。元本はともかく、融資条件は日本としてオファーできる最善のものであった。

新幹線の建設に必要な土地収用にかかる懸念は当初からあったが、全路線の3割を占める南側のマハラシュトラ州でそれが顕在化した。2019年11月のマハラシュトラ州選挙でウッダブ・タークレー率いるシブセナ党が勝利してBJPが野党に回ったことで、同州側の用地収用取得は39％まで進んだところで止まり、ムンバイのターミナル駅建設予定地、用地内のガソリンスタンドや消防署の移転、全長21キロの海底トンネルの始点ビクロリ地区などの土地取得の目途が立たなくなった。

しかし2022年6月に州政権が再度交代し、BJPが3年ぶりに州政府与党に返り咲いたことで、遅れていた土地取得も進み始めた。エクナット・シンデ州首相の指示の下、シュリバスタバ州首席次官は、周辺自治体の長を招集して用地取得の問題解決を命じ、遅れていたマハラシュトラ州の土地買収も再び動き出した。

インド高速鉄道公社は全体計画の遅れについて具体的な時期を明らかにしていないが、現地のメディアによると、開業は2030年頃でないかと報じられている。26年にグジャラート州のスーラト・ビリモラ間の50キロ区間で暫定開業するという案も浮上しているという。

この新幹線計画の一環として、安全な運行管理のためのインド人の訓練も行われている。2023年6月にオディシャ州で起きた鉄道事故に象徴されるように、インドの鉄道の運行は必ずしも安全には行われていない。日本からのこうした技術移転がインド全体に広がり、鉄道の安全運行に役立つものとなることが期待されている。

北東部の道路網整備

モディ政権が重視するインド北東部の開発にも、日本は積極的に協力している。2017

年の安倍首相訪印では、北東部インドと西ベンガル州を結ぶ道路整備に386億円の円借款の供与が約束された。円借款によって既存道路を改良し、いずれは陸路でインドとミャンマー、タイといったASEAN諸国との連結性を確保するというものである。インド北東部の道路未整備は、物流のボトルネックとして、この地域の開発の阻害要因となってきた。

これまで無視されてきた観のあった北東部開発は、モディ政権によって、二つの理由から優先順位を上げられている。一つは中国のチベットの南に位置する北東部の防御を固めること、もう一つはこれらの州にBJPやその協力政党による政権を樹立することである。日本政府のある政府関係者は「誰も口に出しては言わないが、インド北東部の道路を整備することは、中国と万一の事態になった場合のインド軍にとって非常に重要なことである」と非公式に語っている。

この案件では、フェーズⅠでミゾラム州の国道54号線350・7キロ、メガラヤ州の国道51号線51・5キロに約672億円、フェーズⅡではミゾラム州の国道54号線80キロメートルとメガラヤ州の国道40号線に約387億円の円借款が供与される。筆者は過去にこれらの国道をバスで移動したことがあるが、道路状況はきわめて劣悪であった。

北東部以外の戦略的なODA案件としては、アンダマン・ニコバル諸島の南アンダマン島における太陽光発電プロジェクトが目を引く。アンダマン・ニコバル諸島は、マラッカ海峡からインド洋に至る玄関口となる戦略的要衝で、インドは軍事基地を持っている。2022年11月にはインドの前外務次官がこの島にG20諸国の大使を引き連れて訪問している。インド洋に軍事基地や商業拠点を建設する中国の「真珠の首飾り」構想を警戒しているインドがこのアンダマン諸島に外国の援助を受けるのは、日本のこの援助が初めてである。加えて、インド本土とアンダマン・ニコバル諸島を結ぶ海底ケーブルも、日本のNECによるものである。

4 中国を念頭に置いた戦略的外交

対中カードとしてのインド

日本外交におけるインドの位置づけは、中国を無視しては考えられない。日印の外交関係の重要性が高まるのは日中関係が悪化している時が多く、例えば2006年8月15日の小泉首相の靖国神社参拝や10年の尖閣諸島における衝突で日中関係が悪化した際、日本はインドに目を向けた。あるインド人は「日本にとって中国が配偶者であるとしたら、インドは愛人である」という冗談で、日中関係の裏返しとしての日印関係を表現したほどであった。

2005年の東アジアサミットで日本がインドの参加を強く後押ししたのも、中国の東アジアにおける影響力拡大に対抗する意図があった。プライドが高く表立って感謝の意を表することが少ないインド政府も、この時ばかりは日本に感謝の意を表明した。

2005年に日本が国連常任理事国入りの希望を明確に表明した際にも、インドはブラジル、ドイツとともにG4として結束した。それまでは国際政治の場で団結することが多くなかった日印両国であったが、この頃から国際社会で結束する機会が増えていった。

2006年に発足した第1次安倍内閣は、インド重視の姿勢を極めて明確にした。06年から07年にかけて多数のインド研究会が各官庁で設置され、数えきれないほどの使節団や調査団がインドを訪れた。筆者が官庁やジェトロによるインド研究会に頻繁に足を運んでいたのもこの頃である。07年8月の安倍訪印では、それまでの「日印グローバル・パートナーシップ」が「日印戦略的グローバル・パートナーシップ」へ格上げされた。8月22日、安倍首相はインド国会で「二つの海の交わり」と題したスピーチを行い、大喝采を受けた。今日では世界的に定着している「インド太平洋」という言葉が最初に使われたのは、この時である。

2007年は文化交流の面でも重要で、「日印交流年」として各地で多くのイベントが行われた。07年の訪印後に健康を損なった安倍首相は突然辞任することとなったが、その後の政権もインド重視の姿勢を受け継いだ。

第2次安倍内閣の黄金期

２０１０年代に入ると中国の軍事的台頭が顕著になり、日本にとってのインドの重要性はさらに高まった。07年の安倍訪印を契機に日印間の戦略的対話は加速し、08年10月には「日印安全保障協力共同宣言」が締結された。日本がこの種の協定を結んだのは、米国とオーストラリアに続くものであった。10年からは外務・防衛の次官級による定期協議（2プラス2）も始まった。10年から12年の尖閣諸島問題にともなう日中関係の悪化は、インドの重要性をさらに高めた。13年に来日したマンモハン・シン首相は「日印関係は、これまでの経済的なものから戦略的なものとなった」と歓迎会のあいさつで述べた。中国に対抗できる唯一のアジアの大国であるインドに対する日本の期待は、大きくなるばかりであった。

日印関係の黄金期が形成されたのは、２０１２年12月26日から20年9月16日までの第2次安倍内閣の時であった。17年7月20日に日印原子力協定が発効し、日本の原子力技術のインド向け輸出も可能となった。インドと原子力協定を結んだ米国やフランスなどの各国がインドに原子力発電所を建設するためには、日本製鋼所の原子炉が必要であった。しかし、それまで日印間に協定がないため、インドにとってネックとなっていた。日本側では核保有国でありながら核拡散防止条約（NPT）に未加盟のインドが軍事転用するのではないかという懸念があったが、安倍首相の強いリーダーシップで、原子力協定が可能となった。日本政府は「この原子力協定によってインドを国際的な不拡散体制に実質的に参加させる」というスタンスをとった。２０１０年にインドで原子力損害賠償法が制定されたため投資リスクが高まり、日系企業はインドでの原子力発電所の建設には二の足を踏むこととなったものの、この協定は日印関係を真の意味で「戦略的」なものにした。

２０１７年９月の安倍首相訪印、18年10月のモディ首相訪日など安倍首相とモディ首相は合計15回の首脳会談を行った。20年９月安倍首相の後を継いだ菅義偉首相は、就任早々にモディ首相と電話会談を実施し、21年９月には米国の「クアッド」首脳会合に際して日印首脳会談を対面で行った。菅首相は、２０２３年には安倍首相の後を継いで、日印協会の会長に就任している。22年３月には岸田首相の訪印が実現し、３年半ぶりに首脳往来が再開された。その後、22年、23年と続けて、「クアッド」首脳会談が日本で開かれ、関係強化が進んでいる。

戦略的結びつきの強化

今日では、日印の戦略的な結びつきは極めて強固なものとなっている。日米豪印の首脳や外相らが安全保障や経済を協議する「クアッド」の枠組みも定着し、自由と民主主義、法の支配といった共通の価値観を持つ４ヵ国がインド太平洋地域での協力を確認する場となっている。

「クアッド」は北大西洋条約機構（NATO）のような軍事同盟の位置づけではないものの、対中国抑止力の強化を念頭に置いている。この構想は当時の安倍首相が2006年に4ヵ国の戦略対話を訴えたのがきっかけで、21年3月には、オンラインながら初めて首脳協議が実現した。中国は日本とは尖閣諸島をめぐる緊張、米国とは覇権争いと貿易不均衡の是正、人権問題、オーストラリアとは貿易摩擦や人権問題などで外交課題を抱えており、これらの国がまとまることの意義は大きい。

毎年行われている「クアッド」首脳会議では、軍事協力に加えて、ワクチン外交、気候変動問題、ウクライナ問題等に関する議論が行われている。しかし日本側では伝統的に「非同盟」の立場をとっているインドが、「クアッド」の軍事的な側面に対してやや慎重で、共同声明でも中国の名指しを注意深く避けていることに対する不満の声もある。米国に対する信頼が十分でないインドが「クアッド」により積極的に参加するためには、米国からもインドからも信頼されている日本が潤滑油として果たすべき役割も大きい。

2020年11月、日米豪印4ヵ国はインド東部のベンガル湾のビシャカパトナムで軍事演習を行った。米印の海軍は1992年からベンガル湾で合同軍事演習を行っており、2015年にはそれに海上自衛隊が加わり、今回はオーストラリア海軍が参加することで4ヵ国による初の合同軍事演習が実現した。この軍事演習にはさらにフランスも加わり、21年４月には仏海軍が主催する多国間共同訓練ラ・ペルーズもベンガル湾で行われた。ラ・ペルーズは、19年５月にスマトラ西方沖で行った共同訓練に続くものである。

日印の外務・防衛の次官級による定期協議（２プラス２）も、定期的に行われている。２０１９年11月の会談を受けて、20年には自衛隊とインド軍が食料や燃料などを融通し合う「物品役務相互提供協定（ＡＣＳＡ）」に署名がなされた。

２０２２年５月には、東京で「クアッド」首脳会合および日印首脳会談が実施され、同年９月に開催された日印２プラス２閣僚会合の共同声明では、日本の抜本的な防衛力強化の決意を前提に、日本と安全保障分野で協力するという姿勢をインドが改めて示した。これは同分野における両国の今後の関係を進める上で重要であった。

両国の共同演習も盛んで、インド海軍と海上自衛隊（マラバール、ジメックス）、インド陸軍と陸上自衛隊（ダルマ・ガーディアン）、インド空軍と航空自衛隊（シンユウ・マイトゥリ）がそれぞれ行われている。２０２３年１月にはインドの戦闘機４機と大型輸送機２機、空軍給油機１機が百里基地に来て、日本の航空自衛隊と共同演習（ヴィーア・ガーディアン）を行った。日印の戦闘機の共同演習は初めてで、その意義は大きい。

5　安倍暗殺とウクライナ問題で試される日印の絆

安倍元首相暗殺の衝撃

2022年7月8日、日印関係の強化に多大な貢献をしてきた安倍元首相がテロの凶弾に倒れた。日印関係は突如として指導者不在の状態を迎えることとなった。日印原子力協定、新幹線計画、「クアッド」などは安倍元首相なしにはできなかったもので、日印関係はまさに安倍元首相の力によるところが大きかったからである。

安倍元首相の暗殺は、インド側にも大きな衝撃を与えた。モディ首相は「最も親しい友人の悲劇的死去に、私は言葉にできないほどの悲しみと衝撃を受けている」とツイッターにすぐに投稿し、事件翌日の7月9日にインドが国を挙げて喪《も》に服すると発表した。インドで過去に他国の政治家の死去を受けて国全体が服喪した例を、筆者は知らない。モディ首相はいち早く国葬に出席することを表明し、9月27日の国葬には日帰りで来日した。国葬に参列したモディ首相の沈痛な表情は、普段目にしないもので心を打たれた。

モディ首相と安倍元首相の付き合いは、モディ首相がまだグジャラート州の首相であった時代に遡る。同州の宗教暴動で大量の死者を出した責任を問われ、米国に入国することも許されなかった当時のモディ首相にとって、安倍首相の存在は慈雨のようなものに見えたに違いない。

安倍元首相にとって、戦後まもない時期に祖父岸信介《きしのぶすけ》元首相の訪問を温かく受け入れてくれたインドの存在は、特別なものだった。安倍氏が最初に自民党総裁選で勝利する前に出版された著書『美しい国へ』には、「インドとの関係をもっと強化することは、日本の国益にとってきわめて重要だ」と書かれている。２００７年の安倍元首相のインド国会での演説は、「インド太平洋」という概念を打ち出した。

14年にモディ政権が発足した時には第2次安倍政権が発足しており、ふたりの交流が再び始まった。この頃には中国の台頭が顕著となり、日印関係の重要性は否応《いやおう》なしに増し、両首相の個人的な親交はその後押しに大きく貢献した。安倍首相が訪印した時には、モディ首相は長時間を一緒に過ごし、様々な趣向を凝らしたイベントや晩餐《ばんさん》会が催された。

モディ首相にとって安倍氏がいかに大切な友人であったかは、安倍首相の訪印時の破格の待遇に見てとれる。安倍首相のグジャラート州訪問では、モディ首相自ら空港に出迎え、首脳会談会場までスズキのオープンカーに乗った両首相を、沿道で数えきれないほどの住民が日本国旗を振って迎え、踊り子たちが伝統舞踊を披露して歓迎した。沿道は事前に消毒されるという気の使いようであった。安倍首相以外に、中国の習近平国家主席、ロシアのプーチン大統領、米国のトランプ大統領、岸田文雄首相らがモディ首相に招かれてインドを訪問しているが、これら首脳に対する待遇と比べて、安倍首相に対する歓迎は比較にならない別格の厚遇であった。首相を退いた後も日印協会の会長に就任して、これからも日印関係強化に取り組むはずだった安倍氏の突然の死去がもたらす損失は、計り知れない。

積み残した日印の課題

インドとの関係で安倍首相がやり残したものとしては、東アジア地域包括的経済連携協定（RCEP）へのインドの加盟、日印原子力協定に関連する日本の企業投資、新明和工業の救難飛行艇US-2の輸出などがある。現時点でこれらは、インド製造業の保護主義的姿勢、US-2の価格と現地生産へのハードル、インドの原子力賠償責任法などの理由で、いずれも実現が難しくなっている。

一方、これまで期待されながらも実現していなかったが、実現に期待が高まるものとして、インドの周辺国を始めとする第三国への日印両国による共同支援がある。これまでのところ、スリランカのコロンボ港東ターミナルの建設やハンバントタのLNGプロジェクト、バングラデシュの道路や橋梁の建設、ミャンマーの住宅建設、イランのチャバハール港の開発など、第三国向けの日印共同支援案件は暗礁に乗り上げているし、中国の進出が著しいアフリカに日印両国が一石を投じるため2017年に合意された「アジア・アフリカ成長回廊（AAGC）と産業ネットワーク」構想も、看板倒れに終わっている。

これらの失敗例の中でもとりわけ衝撃的だったのは、スリランカのコロンボ港東ターミナルである。日本政府はスリランカ政府に円借款を供与し、インドのアダニ・グループとともにコロンボ港の東ターミナルの開発計画を進めていたが、スリランカのラジャパクサ大統領から一方的にキャンセルされ、この案件の開発の権利が中国企業に移管された。この大型ODA案件は、日本の「インド太平洋戦略」における日印共同事業のシンボル的な存在であっただけに衝撃はきわめて大きかった。

ウクライナ侵攻という試練

2022年2月のロシアのウクライナ侵攻は、日印関係に新たな試練をもたらした。ロシアはインドにとって日本と並ぶ重要国であるが、日本ではインドが西側諸国と歩調を合わせてロシアを批判すべきだという意見が強く、ウクライナ問題での両国の食い違いが避けられないためである。

岸田首相は、2022年3月には総理就任後初の二国間公式訪問としてインドを訪問した。この岸田首相の訪印の目的の一つは、ウクライナ問題でインドの協力を得るというものであった。しかし、結局それはかなわなかっただけでなく、訪印に時を合わせるかのように「インドがロシアから原油を購入することに決定した」というニュースが現地で報道された。

2022年4月には、インド政府によって日本の自衛隊の輸送機のインド着陸が拒否されるという「事件」があった。日本政府は国連難民高等弁務官事務所（UNHCR）の要請で、ウクライナ難民に送る毛布などの人道支援物資を貯蔵庫のあるムンバイとドバイからポーランドとルーマニアに自衛隊機で運ぶ計画を進めていた。しかし、当初は外務省レベルで了承していたのにもかかわらず、インドは最終的に自衛隊機のインド着陸を拒否した。しかもそのタイミングは、自衛隊の統合幕僚長が国際会議でインドを訪問する直前であった。

「グローバル・サウス」のリーダー、インドと日本

2023年のG20議長国となったインドは、「グローバル・サウス」の代表としての立場を鮮明にした（第6章）。「グローバル・サウス」という言葉の中には、米国を中心とした西側の先進国に対する対抗意識が含まれており、インドを少しでも米国陣営に引き入れたい日米の意向と異なる。このことは、米国陣営にある日本の外交に対してインドの立ち位置を再び難しくした。

2023年3月21日には、岸田首相がウクライナを電撃訪問し、その道中にインドを訪れ

てモディ首相と首脳会談を行った。この訪印は、3月初頭にデリーで行われたG20外相会議に林芳正《はやしよしまさ》外相が出席しなかったことに対してインド側から不満の声が漏れてきたことを配慮してという事情もあったようである。この岸田訪印がインド側に知らされたのは訪印の10日ほど前のことであった。あまりに急なことであったので、共同声明を出すことは最初から諦めた形となった。それでも、モディ首相は岸田首相をガンディーの墓とブッダ生誕記念公園に案内し、インドの平和国家としてのスタンスをアピールした。岸田首相はデリーのインド世界問題評議会（ICWA）で「インド太平洋の未来～『自由で開かれたインド太平洋』のための日本の新たなプラン～必要不可欠なパートナーであるインドと共に」と題された講演を行った。そして岸田首相は、官民で30年までに750億ドル（9兆7500億円）以上の資金をインド太平洋地域へ投入すると打ち出した。

この岸田訪印は、G7の議長国である日本が、5月のG7首脳会議の前に、G20議長国のインドと擦り合わせを行うという点では少なからぬ意義があった。ただし、米国の同盟国である日本が、第三極の「グローバル・サウス」のリーダーを自任するインドに、「法の支配に基づいて、南の国々をロシアや中国ではなく、欧米や日本の側に引き込む」ことを要請し続けたところでどれだけ効果があったのかは疑問であった。そもそも、インド政府は「法の支配という場合の『法』は米国が決めるものなのか、『グローバル・サウス』も含めて一方通行のやり方は時代遅れだ」と考えていて、日本にも伝えてきたが、インドのこの主張は日本のスタンスとは異なり、双方の行き違いの感が拭えなかった。

2023年5月、モディ首相は「グローバル・サウス」の意見を代弁するため、G7首脳会議に出席した。しかし、そこでモディ首相を待っていたのは、「グローバル・サウスという言葉をサミットでは使わない」というG7の決定であった。G7は広島での首脳会議を前にして、「グローバル・サウス」を協力分野に合わせて3つに分け、インド太平洋の安全保障を念頭に東南アジアやインドは「地域のパートナー」、食料やエネルギーで利害が大きいアフリカや中東は「志を同じくするパートナー」、中露に共鳴しがちな左派政権が多い中南米諸国などは、「意思のあるパートナー」として3つに分割することを発表した。

G7の共同声明で、債務問題に苦しむ南の諸国に対する配慮などが述べられたとはいえ、「グローバル・サウス」の3分割は、2023年1月の「グローバル・サウスの声サミット」でモディ首相が「一つの家族」と謳ったのと相いれないところがあった。インドはこのG7の決定を静観したが、複雑な心境であったことと思われる。

そのような中で、2023年6月のモディ訪米による米印関係の大きな前進は、日印関係にも少なからぬ好影響を与えると思われる。23年7月にデリーで行われた「日印フォーラム」における林外相の冒頭の挨拶からも、そのような方向への兆候が感じられた。米国追随型の日本の外交において、これまでも米国のインド戦略は日本のインド戦略に大きな影響を及ぼしてきた。例えば、1998年のインドの核実験を受けて経済制裁を行った日本は、2001年に米国に追随する形でそれを解除した。2000年の森喜朗首相訪印も、米国の要請によるものであった。07年に米印原子力協定が妥結されたことは、その後の日印原子力協定の締結につながった。

2022年2月のロシアのウクライナ侵攻以来、日印間ではロシアへの対応をめぐって不一致が生じていたが、米国がこの問題を切り離してインドを対中カードとして使うという決断をしたことで、日本政府もそれに続くのではないかと思われる。これまで必ずしも明確でなかった「クアッド」の位置づけも、米印関係とともに強化されていくであろう。安倍首相の遺志を継いで、日印関係がさらなる進化を遂げ続けていくことを祈りたい。

2013年にマンモハン・シン前首相が来日した際、「日印関係はこれまでの経済的なものから戦略的なものとなった」と述べたように、中国の軍事的な脅威の強まりとともに日印外交関係は今までになく重要になっている。

11年以降新興国ブームが去ったことにより落ち着いた日本企業のインド熱だったが、ここにきて、中国リスクの拡大と共に日系企業のインドへの関心が再び高まっている。日本企業の対印ビジネスも、ますます増えていくだろう。ウクライナ問題やインドの「グローバル・

サウス」外交では、日印間の外交のすれ違いもなくはない。今後の日印外交関係のさらなる強化を祈りたい。

1947年に独立して91年に経済自由化を開始したインドは、今や新興国の中でも最も注目される国の一つとなり、アジア第3の経済大国であると同時に、世界で第5の経済大国となった。

米モルガン・スタンレーのアナリストは「中国にないものは全てインドにある」と語った。本書で見てきたように、多くの課題を抱えながらも独自の経済発展を遂げ続ける超大国インドの将来性は、いくら強調しても強調しすぎることはない。

あとがき

本書の企画を最初にいただいたのは、10年以上前のことに遡る。その間、インドは経済成長を続け、世界におけるインドの重要性も大きく増した。

2013年にマンモハン・シン前首相が来日した際、「日印関係はこれまでの経済的なものから戦略的なものとなった」と述べていたことをよく覚えているが、その後の中国の拡張政策と共に、世界最大の民主主義国であるインドと日本の関係も大きく進化していった。

これまで30年以上にわたってインドで調査研究を行ってきた筆者としては、主な出来事だけを並べてみても、1991年の経済自由化開始、1998年の核実験、2003年の「BRICsレポート」、2007年の米印原子力協定妥結、2008年のムンバイ同時多発テロ、2014年のモディ政権誕生、2016年の高額紙幣廃止措置、2020年の中印国境衝突、2022年のロシアのウクライナ侵攻時に見せた独自外交などがあり、インドがこれまで辿ってきた道のりは平坦ではないが、そうした中でもインドは一貫して経済成長を続けてきた。30年前には日本の10分の1の規模に過ぎなかったインド経済は、今や日本の8割のところまで成長した。

中国リスクの高まりとともに、日本にとってのインドの重要性も一貫して高まってきた。2007年の安倍首相のインド国会演説、「クアッド」の設立、2011年の日印経済連携協定（EPA）の成立、2015年の新幹線円借款の合意、2017年の日印原子力協定の発効、2022年のG7首脳会合など、数多くの外交関係強化が見られてきた。こうした中で、一人のインド専門家として、インドに関して一般向けの新書を出版する機会をいただけたことは、幸いであった。

本書の執筆は、筆者の遅筆と時間管理の拙さから大幅に遅延した。それはまさにインドの昔の公共事業のようでさえあった。その結果、中公新書編集部の田中正敏氏には、多大な迷惑をかけてしまうこととなった。

本書の中のいくつかの章あるいは節の中には、インド経済研究所、国家基本問題研究所、日本国際問題研究所、官庁やジェトロなどのインド研究会等で、筆者がこれまで折に触れて執筆し、発表してきた原稿を基にしたものも少なくない。例えば、第4章は日本国際問題研究所の『国際問題』、第6章は国家基本問題研究所の『国基研紀要』、第7章は日印協会の『現代インド・フォーラム』の拙稿をベースにして、加筆修正を行ったものである。また、筆者が所属する研究所では、そのセミナーやレポートから多くのことを学ぶことができた。

本書の執筆にあたっては、それ以外にもインドの政府機関や、大学、研究所などに勤務する知人や友人からの情報が大きく役立った。いちいち名前を挙げないが、彼らに対して感謝の意を表したい。加えて、東京大学博士課程に籍を置いていた島田めぐみさんには、研究助手として多大な協力をいただいた。筆者は国際基督教大学で教鞭をとる傍ら、毎年100日近く海外で調査を行ってきたが、それに対する大学の理解と協力にも感謝している。なお、本書に書かれている全ての見解は、筆者が所属している組織のものではなく、あくまで筆者個人の見解である。

本書をきっかけに、読者のインド理解が深まることになれば、大いに幸いである。

2023年8月15日インド独立記念日にて

近藤正規

竹中千春（2010）『盗賊のインド史——帝国・国家・無法者』有志舎
武鑓行雄（2018）『インド・シフト——世界のトップ企業はなぜ、「バンガロール」に拠点を置くのか？』PHP研究所
田所昌幸（2015）『台頭するインド・中国——相互作用と戦略的意義』千倉書房
田中洋二郎（2019）『新インド入門——生活と統計からのアプローチ』白水社
中溝和弥（2012）『インド 暴力と民主主義——一党優位支配の崩壊とアイデンティティの政治』東京大学出版会
長尾賢（2015）『検証 インドの軍事戦略』ミネルヴァ書房
西原正・堀本武功（編）（2010）『軍事大国化するインド』亜紀書房
林幸秀・樋口壮人・西川裕治（2016）『インドの科学技術情勢——人材大国は離陸できるのか』丸善プラネット
R. C. バルガバ・島田卓（監訳）（2006）『スズキのインド戦略——「日本式経営」でトップに立った奇跡のビジネス戦略』中経出版
平林博（2017）『最後の超大国インド——元大使が見た親日国のすべて』日経BP社
広瀬崇子・北川将之・三輪博樹（2011）『インド民主主義の発展と現実』勁草書房
広瀬崇子・南埜猛・井上恭子（2006）『インド民主主義の変容』明石書店
堀本武功・村山真弓・三輪博樹（編）（2021）『これからのインド——変貌する現代世界とモディ政権』東京大学出版会
堀本武功（編）（2017）『現代日印関係入門』東京大学出版会
堀本武功・三輪博樹（2012）『現代南アジアの政治』放送大学教育振興会
松本勝男（2021）『インドビジネス——ラストワンマイル戦略SDGs実現は農村から』日本経済新聞出版
三上喜貴（2009）『インドの科学者——頭脳大国への道』岩波書店
武藤友治（2010）『巨象インドの憂鬱——赤の回廊と宗教テロル』出帆新社
武藤友治（2005）『インド——宗教の坩堝』勉誠出版
山際素男（2008）『破天——インド仏教徒の頂点に立つ日本人』光文社新書
山際素男（2003）『不可触民と現代インド』光文社新書
柳澤悠（2014）『現代インド経済——発展の淵源・軌跡・展望』名古屋大学出版会
山影進・広瀬崇子（2011）『南部アジア』ミネルヴァ書房

参考文献

近藤正規（2022）「人口大国インドとその全方位外交」『国際問題』No. 708、20-30頁
近藤正規（2022）「安倍氏が築いた日印関係」『月刊インド』2022年9月号12-13頁
近藤正規（2022）「岸田外交に足りないインド理解」『正論』No. 609、67-75頁
近藤正規（2020）「反中になりきれないインドの事情」『正論』No. 588、74-81頁
近藤正規（2012）「日本企業の投資先としてみた中国とインドの比較」（浦田秀次郎・小島眞・日本経済研究センター（編）『インドVS. 中国——二大新興国の実力比較』日本経済新聞出版社、234-240頁
近藤正規（2010）「拡大する日印経済関係」浦田秀次郎・小島眞・日本経済研究センター（編）『インド——成長ビジネス地図』日本経済新聞出版社、257-284頁
近藤正規（2009）「インドの「万人のための経済成長」をみる」『現代の理論』No. 20、85-95頁
近藤正規（2009）「世界不況下のインド経済」『フィナンシャル・レビュー』No. 96、149-164頁
近藤正規・広瀬崇子・井上恭子・南埜猛（2007）『現代インドを知るための60章——エリア・スタディーズ』明石書店
榊原英資（2011）『インド・アズ・ナンバーワン——中国を超えるパワーの源泉』朝日新聞出版
榊原英資・吉越哲雄（2005）『インド巨大市場を読みとく』東洋経済新報社
榊原英資（2001）『インドIT革命の驚異』文春新書
櫻井よしこ・国家基本問題研究所（編）（2012）『日本とインド——いま結ばれる民主主義国家』文藝春秋
佐藤隆広・上野正樹（編）、高口康太（2021）『図解インド経済大全——政治・社会・文化から進出実務まで』白桃書房
佐藤大介（2020）『13億人のトイレ——下から見た経済大国インド』角川新書
佐藤創・太田仁志（編）（2017）『インドの公共サービス』アジア経済研究所
椎野幸平（2009）『インド経済の基礎知識——新・経済大国の実態と政策』ジェトロ
島田卓・日刊工業新聞社（2007）『トヨタとインドとモノづくり——トヨタ流インドビジネスの真髄』日刊工業新聞社
鈴木修（2009）『俺は、中小企業のおやじ』日経BPマーケティング
須田敏彦（2006）『インド農村金融論』日本評論社
清好延（2009）『インド人とのつきあい方——インドの常識とビジネスの奥義』ダイヤモンド社

Singh, Gurdip and Sameer C. Mohindru（eds）(2017) *India's Next Leap Forward: Essays on its Socio-Economy.* 7Clicks Media
Subbarao, Duvvuri（2016）*Who Moved My Interest Rate?: Leading the Reserve Bank of India Through Five Turbulent Years.* Penguin Books India
United Nations Population Fund（2023）*State of World Population 2023: 8 Billion Lives, Infinite Possibilities: The Case for Rights and Choices.* United Nations Population Fund
World Bank（2023）*World Development Report 2023: Migrants, Refugees, and Societies.* World Bank Publications

〈日本語文献〉
安倍晋三（2006）『美しい国へ』文春新書
池亀彩（2021）『インド残酷物語——世界一たくましい民』集英社新書
石坂晋哉・宇根義己・舟橋健太（編）（2020）『ようこそ南アジア世界へ』昭和堂
伊藤融（2023）『インドの正体——「未来の大国」の虚と実』中公新書ラクレ
伊藤融（2020）『新興大国インドの行動原理——独自リアリズム外交のゆくえ』慶應義塾大学出版会
内川秀二（2006）『躍動するインド経済——光と陰』アジア経済研究所
絵所秀紀（2008）『離陸したインド経済——開発の軌跡と展望』ミネルヴァ書房
榎泰邦（2009）『インドの時代——インドが分かれば世界が分かる』出帆新社
小川忠（2001）『インド——多様性大国の最新事情』角川選書
小田尚也（編）（2009）『インド経済——成長の条件』アジア経済研究所
笠井亮平（2023）『第三の大国 インドの思考——激突する「一帯一路」と「インド太平洋」』文春新書
笠井亮平（2017）『モディが変えるインド——台頭するアジア巨大国家の「静かな革命」』白水社
小磯千尋・小松久恵（編）（2022）『インド文化読本』丸善出版
小島眞（2008）『タタ財閥——躍進インドを牽引する巨大企業グループ』東洋経済新報社
小島眞（2004）『インドのソフトウェア産業——高収益復活をもたらす戦略的ITパートナー』東洋経済新報社
近藤則夫（2015）『現代インド政治——多様性の中の民主主義』名古屋大学出版会
近藤正規（2023）「インドの対米中露外交を考える」『国基研紀要』No. 3、112-132頁
近藤正規（2023）「安倍元首相の対印ODAにおける貢献」『現代インド・フォーラム』No. 56、14-19頁

Economics: The Interface of Economics and Politics in Contemporary India. Rupa Publications
Jayal, Niraja Gopal (2019) *Re-forming India.* India Viking
Kalam, A.P.J. Abdul and Y. S. Rajan (2020) *India 2020.* Penguin Books India
Kar, Dev. (2019) *India: Still a Shackled Giant.* India Portfolio
Kapila, Uma (2022) *Indian Economy: Performance and Policies 23rd Edition.* Academic Foundation
Khan, Shamshad Ahmad (2017) *Changing Dynamics of India-Japan Relations.* Pentagon Press
Khanna, Tarun (2007) *Billions of Entrepreneurs: How China andIndia Are Reshaping Their Futures and Yours.* Harvard Business Review Press
Kochhar, Sameer (2014) *ModiNomics: Inclusive Economics Inclusive Governance.* Skoch Media
Kohil, Atul (2012) *Poverty amid Plenty in the New India.* Cambridge University Press
Krueger, Anne O. (ed) (2002) *Economic Policy Reforms and the Indian Economy.* University of Chicago Press
Kumar, Nirmalya and Phanish Puranam (2011) *India Inside.* Harvard Business Review Press
Stern, Nicholas and Peter Lanjouw (eds) (1998) *Economic Development in Palanpur over Five Decades.* Clarendon Press
Meredith, Robyn (2008) *The Elephant and the Dragon: The Rise of India and China and What It Means for All of Us.* W.W. Norton & Co.(ロビン・メレディス〔著〕、大田直子〔訳〕『インドと中国――世界経済を激変させる超大国』ウェッジ、2007年)
Mohan, Rakesh (ed) (2018) *India Transformed: 25 Years of Economic Reforms.* Penguin Books India
Nilekani, Nandan and Viral Shah (2015) *Rebooting India: Realizing a Billion Aspirations.* Penguin Books India
Panagariya, Arvind (2011) *India: The Emerging Giant.* Oxford University Press
Piketty, Thomas (2014) *Capital in the Twenty-First Century.* Belknap Press(トマ・ピケティ〔著〕、山形浩生・守岡桜・森本正史〔訳〕『21世紀の資本』みすず書房、2014年)
Sen, Amartya (2005) *The Argumentative Indian: Writings on Indian History, Culture and Identity.* Farrar Straus & Giroux(アマルティア・セン〔著〕、佐藤宏・粟屋利恵〔訳〕『議論好きなインド人』明石書店、2008年)
Sen, Amartya and Jean Drèze (2013) *An Uncertain Glory: India and its Contradictions.* Princeton University Press(アマルティア・セン、ジャン・ドレーズ〔著〕、湊一樹〔訳〕『開発なき成長の限界――現代インドの貧困・格差・社会的分断』明石書店、2015年)

New India: Transformation Under Modi Government. Wisdom Publication
Debroy, Bibek, Ashley J. Tellis and Reece Trevor（eds）（2014）*Getting India Back on Track: An Action Agenda for Reform.* Carnegie Endowment for International Peace
Emmott, Bill（2008）*Rivals: How the Power Struggle Between China, India and Japan Will Shape Our Next Decade.* Harcourt（ビル・エモット〔著〕、伏見威蕃〔訳〕『アジア三国志――中国・インド・日本の大戦略』日本経済新聞出版社、2008年）
Engardio, Pete（ed）（2006）*Chindia: How China and India Are Revolutionizing Global Business.* McGraw-Hill
Eswaran, Mukesh and Ashok Kotwal（1994）*Why Poverty Persists in India: A Framework for Understanding the Indian Economy.* Oxford University Press（ムケシュ・エスワラン、アショク・コトワル〔著〕、永谷敬三〔訳〕『なぜ貧困はなくならないのか』日本評論社、2000年）
Friedman, Thomas L.（2005）*The World Is Flat: A Brief History of the Twenty-first Century.* Farrar Straus & Giroux（トーマス・フリードマン〔著〕、伏見威蕃〔訳〕『フラット化する世界――経済の大転換と人間の未来』日本経済新聞社、上中下巻、2006年）
Government of India, Department of Economic Affairs（2023）*Economic Survey, Statistical Appendix and Highlights 2022-23.* Government of India, Publication Division
Government of India, Ministry of Health and Family Welfare（2022）*National Family Health Survey（NFHS-5）2019-21, India Report, Statistical Appendix and Highlights 2022-23.* Government of India, Publication Division
Goyal, Ashima（ed）（2014）*Oxford Handbook of the Indian Economy in the 21st Century: Understanding the Inherent Dynamism.* Oxford University Press
Guha, Ramachandra（2007）*India After Gandhi: The History of the World's Largest Democracy.* Ecco（ラーマチャンドラ・グハ〔著〕、佐藤宏〔訳〕『インド現代史――1947-2007』明石書店、上下巻、2012年）
Haldea, Gajendra（2011）*Infrastructure at Crossroads: The Challenges of Governance.* Oxford University Press
International Monetary Fund（2023）*World Economic Outlook, April 2023: A Rocky Recovery.* International Monetary Fund
Jaishankar, S.（2020）*The India Way: Strategies for an Uncertain World.* HarperCollins India（S・ジャイシャンカル〔著〕、笠井亮平〔訳〕『インド外交の流儀――先行き不透明な世界に向けた戦略』白水社、2022年）
Jalan, Bimal（2019）*Resurgent India.* HarperCollins India
Jalan, Bimal and Pulapre Balakrishnan（eds）（2014）*Politics Trumps*

Debunking Myths that Undermine Progress and Addressing New Challenges. HarperCollins India

Bhagwati, Jagdish and Arvind Panagariya（2014）*Why Growth Matters.* PublicAffairs

Bhagwati, Jagdish and Charles W. Calomiris（2008）Sustaining India's Growth Miracle. Columbia Business School Publishing

Bhargava, R.C.（2011）*The Maruti Story: How A Public Sector Company put India on Wheels.* HarperCollins India

Bhandare, Namita（ed）（2007）*India and the World: A Blueprint for Partnership and Growth: HT Leadership Summit.* Lotus

Bliss, Christopher and Nicholas Stern（1982）*Palanpur: The Economy of an Indian Village.* Oxford University Press

Cannon, Brendon J. and Kei Hakata（eds）（2022）*Indo-Pacific Strategies: Navigating Geopolitics at the Dawn of a New Age.* Routledge（ブレンドン・J・キャノン、墓田桂〔編〕、墓田桂〔監訳〕『インド太平洋戦略——大国間競争の地政学』中央公論新社、2022年）

Cappelli, Peter, Harbir Singh, Jitendra Singh and Michael Useem（2010）*The India Way: How India's Top Business Leaders Are Revolutionizing Management.* Harvard Business Review Press（ジテンドラ・シン、ピーター・カペッリ、ハビール・シン、マイケル・ユシーム〔著〕、太田正孝〔監訳〕早稲田大学アジア・サービス・ビジネス研究所〔訳〕『インド・ウェイ——飛躍の経営』英治出版、2011年）

Chatterjee, Aneek（ed）（2022）*India in the 21st Century: Foreign Policy Perspectives in a Complex World.* Atlantic Publishers

Chellaney, Brahma（2006）*Asian Juggernaut: The Rise of China, India, and Japan.* HarperCollins India

Cohen, Stephen P. and Sunil Dasgupta（2012）*Arming without Aiming: India's Military Modernization.* Brookings Institution Press（スティーブン・コーエン、スニル・ダスグプタ〔著〕、斎藤剛〔訳〕『インドの軍事力近代化——その歴史と展望』原書房、2015年）

Crabtree, James（2018）*The Billionaire Raj: A Journey through India's New Gilded Age.* HarperCollins India（ジェイムズ・クラブツリー〔著〕、笠井亮平〔訳〕『ビリオネア・インド——大富豪が支配する社会の光と影』白水社、2020年）

Das, Gurcharan（2012）*India Grows at Night: A Liberal Case for a Strong State.* Penguin Books India

Das, Gurcharan（2009）*The Difficulty of Being Good: On the Subtle Art of Dharma.* Penguin Books India

Deaton, Angus and Valerie Kozel（2005）*The Great Indian Poverty Debate.* Macmillan Publishers

Debroy, Bibek, Anirban Ganguly and Kishore Desai（eds）（2018）*Making of*

参考文献

〈英語文献〉

Acharya, Shankar（2021）*India's Economy 2015-2020.* Academic Foundation

Acharya, Shankar and Rakesh Mohan（eds）（2011）*India's Economy: Performance and Challenges: Essays in Honour of Montek Singh Ahluwalia.* Oxford University Press

Ahluwalia, Isher（2020）*Breaking Through: A Memoir.* Rupa Publications

Ahluwalia, Isher Judge, I.M.D. Little and Manmohan Singh（eds）（1998）*India's Economic Reforms & Development: Essays for Manmohan Singh.* Oxford University Press

Ahluwalia, Montek Singh（2019）*Back Stage: The Story Behind India's High Growth Years.* Rupa Publications

Ahuja, Ram, S.L. Doshi and B.K.Nagla（2020）*Social Problem in India, Rural Sociology and Indian Sociological Thought.* Rawat

Bahl, Raghav（2019）*Super Century*. Penguin Books India

Banerjee, Abhijit, Gita Gopinath, Raghuram Rajan and Mihir S. Sharma（eds）（2019）*What The Economy Needs Now.* Juggernaut

Banerjee, Abhijit and Esther Duflo（2019）*Good Economics for Hard Times.* PublicAffairs（アビジット・V・バナジー、エステル・デュフロ〔著〕、村井章子〔訳〕『絶望を希望に変える経済学——社会の重大問題をどう解決するか』日経BP社、2020年）

Banerjee, Abhijit and Esther Duflo（2012）*Poor Economics: A Radical Rethinking of the Way to Fight Global Poverty.* PublicAffairs（アビジット・V・バナジー、エステル・デュフロ〔著〕、山形浩生〔訳〕『貧乏人の経済学——もういちど貧困問題を根っこから考える』みすず書房、2012年）

Baru, Sanjaya（2014）*The Accidental Prime Minister: The Making and Unmaking of Manmohan Singh.* Penguin Books India

Baru, Sanjaya（2006）*Strategic Consequences of India's Economic Performance.* Academic Foundation

Bardhan, Pranab（2010）*Awakening Giants: Feet of Clay.* Princeton University Press

Basu, Kaushik and Annemie Maertens（2011）*The New Oxford Companion To Economics in India.* Oxford University Press

Bhagwati, Jagdish（1993）*India in Transition: Freeing the Economy.* Clarendon Press

Bhagwati, Jagdish and Arvind Panagariya（2012）*India's Reforms: How they Produced Inclusive Growth.* Oxford University Press

Bhagwati, Jagdish and Arvind Panagariya（2013）*India's Tryst with Destiny:*

近藤正規（こんどう・まさのり）

1961年生．アジア開発銀行，世界銀行にてインドを担当した後，1998年より国際基督教大学教養学部助教授．現在，国際基督教大学教養学部上級准教授．2006年よりインド経済研究所主任客員研究員を兼務．そのほかに21世紀日印賢人委員会委員，日印共同研究会委員，日印協会理事などを歴任．東京大学学士，ロンドン大学修士，スタンフォード大学博士．インドの全ての州と連邦直轄領を訪れて論文を多数執筆．専門はインド経済，開発経済学．

インド
—グローバル・サウスの超大国《ちょうたいこく》

中公新書 *2770*

2023年9月25日発行

著　者　近藤正規
発行者　安部順一

本文印刷　暁　印　刷
カバー印刷　大熊整美堂
製　　本　小泉製本

発行所　中央公論新社
〒100-8152
東京都千代田区大手町1-7-1
電話　販売 03-5299-1730
　　　編集 03-5299-1830
URL https://www.chuko.co.jp/

Published by CHUOKORON-SHINSHA, INC.
Printed in Japan　ISBN978-4-12-102770-2 C1233

中公新書

経済・経営

g1

- 2000 戦後世界経済史 猪木武徳
- 2185 経済学に何ができるか 猪木武徳
- 2659 経済社会の学び方 猪木武徳
- 1936 アダム・スミス 堂目卓生
- 2679 資本主義の方程式 小野善康
- 2307 ベーシック・インカム 原田 泰
- 2388 人口と日本経済 吉川 洋
- 2338 財務省と政治 清水真人
- 2541 平成金融史 西野智彦
- 2041 行動経済学 依田高典
- 2501 現代経済学 瀧澤弘和
- 1658 戦略的思考の技術 梶井厚志
- 1824 経済学的思考のセンス 大竹文雄
- 2045 競争と公平感 大竹文雄
- 2447 競争社会の歩き方 大竹文雄

- 2724 行動経済学の処方箋 大竹文雄
- 2575 移民の経済学 友原章典
- 2473 人口減少時代の都市 諸富 徹
- 2751 入門 環境経済学（新版） 日引 聡・有村俊秀
- 2743 入門 開発経済学 山形辰史
- 2571 アジア経済とは何か 後藤健太
- 2506 中国経済講義 梶谷 懐
- 2420 フィリピン―急成長する若き「大国」 井出穣治
- 2199 経済大陸アフリカ 平野克己
- 290 ルワンダ中央銀行総裁日記（増補版） 服部正也
- 2612 デジタル化する新興国 伊藤亜聖
- 2770 インド―グローバル・サウスの超大国 近藤正規